Vocabulário básico
da psicanálise

JACQUES ANDRÉ

Vocabulário básico da psicanálise

Tradução de Márcia Valéria Martinez de Aguiar

Esta obra foi publicada originalmente em francês com o título
LES 100 MOTS DE LA PSYCHANALYSE
Por Press Universitaires de France
Copyright © Jacques André, para o texto

Todos os direitos reservados. Nenhuma parte deste livro pode ser reproduzida, armazenada em sistemas eletrônicos recuperáveis, nem transmitida por nenhuma forma ou meio, eletrônico, mecânico, incluindo fotocópia, gravação, ou outros.

Copyright © 2015, Editora WMF Martins Fontes Ltda.,
São Paulo, para a presente edição.

1ª edição 2015
2ª tiragem 2025

Tradução
MÁRCIA VALÉRIA MARTINEZ DE AGUIAR

Acompanhamento editorial
Luzia Aparecida dos Santos
Revisões
Andréa Stahel M. da Silva
Maria Regina Ribeiro Machado
Edição de arte
Katia Harumi Terasaka
Produção gráfica
Geraldo Alves
Paginação
Studio 3 Desenvolvimento Editorial
Imagem da capa
iStockphoto

Dados Internacionais de Catalogação na Publicação (CIP)
(Câmara Brasileira do Livro, SP, Brasil)

André, Jacques
   Vocabulário básico da psicanálise / Jacques André. – São Paulo : Editora WMF Martins Fontes, 2015.

   Título original: Les 100 mots de la psychanalyse.
   ISBN 978-85-7827-923-3

   1. Psicologia – Dicionários I. Título.

14-13390   CDD-150.3

Índices para catálogo sistemático:
1. Psicologia : Dicionários   150.3

Todos os direitos desta edição reservados à
Editora WMF Martins Fontes Ltda.
Rua Prof. Laerte Ramos de Carvalho, 133 01325.030 São Paulo SP Brasil
Tel. (11) 3293.8150 e-mail: info@wmfmartinsfontes.com.br
http://www.wmfmartinsfontes.com.br

Lista das 100 palavras

1. ADICÇÃO
2. AMBIVALÊNCIA
3. AMOR
4. ANAL (ANALIDADE)
5. ANGÚSTIA
6. ANOREXIA (BULIMIA)
7. APEGO (*HOLDING*)
8. *APRÈS-COUP* (NO DEPOIS, A POSTERIORI)
9. ATO FALHO
10. AUTOEROTISMO
11. BISSEXUALIDADE
12. CANIBALESCO (VAGINA DENTADA)
13. CASTRAÇÃO (FANTASMA, ANGÚSTIA, COMPLEXO)
14. CENA PRIMITIVA (ORIGEM)
15. CLIVAGEM (DO EU)
16. COMPLEXO DE ÉDIPO
17. COMPULSÃO (OBRIGAÇÃO) DE REPETIÇÃO
18. CONFLITO PSÍQUICO
19. CONTRATRANSFERÊNCIA
20. CORPO
21. CRISE DE ADOLESCÊNCIA
22. CULPA (RESPONSABILIDADE)
23. CURA
24. CURA PSICANALÍTICA
25. DEPRESSÃO
26. DESAMPARO (ESTADO DE)
27. DESEJO
28. DESEJO DE FILHOS
29. DIFERENÇAS
30. DIVÃ
31. DOMINAÇÃO (PULSÃO DE)
32. ENQUADRE (*SETTING*, *SITE*)
33. ESQUIZOFRENIA
34. ESTADO LIMÍTROFE (*BORDERLINE*)
35. EU (EGO)
36. EU IDEAL
37. FALO (PRIMADO DO)
38. FALSO SELF (PERSONALIDADE "COMO SE")
39. FANTASMA
40. FEMINILIDADE (SEXUALIDADE FEMININA)

41 FETICHISMO
42 FILHO MORTO (O)
43 FOBIAS
44 FREUD (1856-1939)
45 FUSÃO (SIMBIOSE)
46 HISTERIA
47 HOMOSSEXUALIDADES
48 HUMOR
49 IDENTIFICAÇÃO (INCORPORAÇÃO)
50 INCESTO (DESEJO DE)
51 INDIFERENÇA
52 INTERPRETAÇÃO
53 INVEJA DO PÊNIS (MULHER CASTRADA, CASTRADORA, FÁLICA)
54 IRMÃO, IRMÃ
55 ISSO (ID, INCONSCIENTE)
56 LEMBRANÇA ENCOBRIDORA
57 LINGUAGEM
58 LUTO (TRABALHO DO)
59 MÃE (O MATERNAL)
60 MÃE/FILHA
61 MASOQUISMO (SADISMO)
62 MELANCOLIA
63 MENTIRA (SEGREDO)
64 MORTE
65 NARCISISMO
66 NEUROSE OBSESSIVA
67 OBJETO (PARCIAL, TOTAL, TRANSICIONAL)
68 ÓDIO
69 ORAL (ORALIDADE)
70 PAI
71 PARANOIA
72 PERVERSÃO
73 PLASTICIDADE (DA LIBIDO)
74 PRELIMINARES
75 PSICOSE
76 PSICOSSOMÁTICO
77 PULSÃO
78 PULSÃO DE MORTE
79 REALIDADE PSÍQUICA
80 REBAIXAMENTO (DA MULHER)
81 RECALQUE
82 REGRA FUNDAMENTAL
83 REGRESSÃO
84 RESISTÊNCIA
85 RETORNO AO VENTRE MATERNO (SONO)
86 ROSTO
87 SEDUÇÃO
88 SEPARAÇÃO
89 SEXUALIDADE INFANTIL
90 SILÊNCIO (DO PSICANALISTA)
91 SINTOMA
92 SONHO (TRABALHO DO)
93 SUBLIMAÇÃO
94 SUICÍDIO
95 SUPEREU (SUPEREGO, IDEAL DO EU)
96 TEMPORALIDADE (HISTÓRIA)
97 TERNURA
98 TRANSFERÊNCIA
99 TRAUMA (PSÍQUICO)
100 VERGONHA

O asterisco * colocado à direita de uma palavra no texto significa que esse termo constitui um verbete próprio.

ADICÇÃO

A origem da palavra evoca a escravidão, a de um corpo escravo de uma dívida; com a particularidade de o escravo e o senhor encontrarem-se ambos, dessa vez, na mesma situação complicada. Beber, comer, fumar, viajar ou alucinar sob o efeito de drogas... a lista das adicções ameaça se estender ao infinito para se confundir com a dos "hábitos mórbidos", quando já não é possível se desfazer deles, mesmo que prejudiquem ou destruam. Nada mais, na adicção, parece distinguir o desejo da mais primitiva das necessidades. Mas o que caracteriza uma necessidade, quando ela é vital, é apaziguar-se uma vez satisfeita; enquanto a garrafa do alcoólico ou o tubo digestivo da bulímica são poços sem fundo. A adicção é mais uma *exigência* que uma necessidade. O primeiro sentido de "exigir" é fiscal: reivindicar imperativamente aquilo que é devido. A exigência reivindica muito; a satisfação, em vez de apaziguá-la, a faz crescer. Impossível de contentar, tirânica, a exigência faz com que os desejos* se tornem ordens. Quem é que dá a ordem? O corpo, à primeira vista, à imagem da célula na impaciência de sua dose de nicotina. Mas, no fundo do inconsciente, o *isso** é o verdadeiro senhor, quer transpire de angústia, quer transborde de excitação. Talvez a mais primordial fonte de todas as adicções seja a dependência do outro, que torna sua presença tão indispensável quanto sempre decepcionante, e que faz repetir ao infinito: "Você me ama? Você me ama?..."

ADOLESCÊNCIA, *ver* ANOREXIA,
CRISE DE ADOLESCÊNCIA

AFETO, *ver* ANGÚSTIA, FALSO SELF,
PSICOSSOMÁTICO, RECALQUE

AMBIVALÊNCIA

Não foi preciso esperar a psicanálise para sabermos que uma mesma pessoa pode ser alternadamente objeto de amor* e de ódio*. A tragédia, desde suas origens, não conta nada além disto: está reservado ao mais amado tornar-se um dia objeto de um ódio indefectível. Mas a *ambivalência* diz algo ainda mais inaceitável: não apenas ódio e amor podem se transformar um no outro, como acontece mais secretamente que um *seja* o outro, indissociavelmente. Os adultos, por vezes, dão uma mãozinha, fazendo perguntas capazes de enlouquecer as crianças: "Quem você prefere, o papai ou a mamãe?" O ódio jaz no âmago do amor, e vice-versa, na ignorância da contradição. O bom seio, o seio amado é também o mau, o odiado; basta, para isso, que ele se retire. Acontece que a linguagem*, seu equívoco, faz sutilmente com que a ambivalência seja ouvida. Por exemplo: "Eu só quero o seu bem…"

AMOR

Ao redigir um de seus textos mais sombrios, *O mal-estar na civilização*, Freud faz o inventário das vias empregadas pelos homens para buscar a "felicidade". A satisfação de amar e de ser amado não tem igual, ela leva ao "prazer triunfante" e satisfaz a aspiração original e apaixonada a uma "felicidade positiva". Como entender que essa via seja tão frequentemente evitada e que, quando trilhada, o seja tão brevemente? Como entender que o "erotismo genital" não esteja mais frequentemente "no centro da vida"? É que essa "arte de viver" comporta um inconveniente: "Nunca estamos mais privados de proteção contra o sofrimento que quando amamos, nunca estamos mais infelizes que quando perdemos o objeto amado ou seu amor."

Isso é ao menos verdade quando o amor corre o risco máximo de se abrir ao objeto e à sua alteridade. Como sabemos, há muitos modos psíquicos de circunscrever tal perigo: recobrir o objeto* real com o objeto imaginário (ele se torna ainda mais variável), fazer dele o espelho do amor que dedicamos a nós mesmos (quando o investimento narcísico se retira, não deixa atrás de si nenhum vestígio), ou, ainda, limitar as relações ao mínimo: "O amor não é mais do que a troca de duas fantasias e o contato de duas epidermes." (Chamfort)

A perda do amor não é uma desgraça fortuita, mas está ligada ao próprio amor. Em primeiro lugar, porque o primeiro amor não é aquele que oferecemos, mas aquele de que *somos o objeto*, e porque essa experiência de passividade ligada ao estado de dependência da criança pequena deixa uma marca indelével; amar é uma coisa, ser amado de volta é outra, que decepção quando ao "eu-te-amo" responde insipidamente um "eu também" (Barthes). Segundo, porque é preciso se resolver a renunciar aos objetos de amor primeiros: o pior não é que eles sejam proibidos – isso só os torna mais desejáveis –, mas que tenham traído; o pai, a mãe sempre amam um(a) outro(a). Sempre já perdemos o objeto de amor, o pior é sempre certo, já aconteceu. Verdadeira tragédia que, desde a origem, faz do amor um mal-entendido, separa para sempre o amante do amado, e sobre a qual Racine construiu todo o seu teatro, particularmente *Andrômaca*: Orestes ama Hermíone, que ama Pirro, que ama Andrômaca, que ama Heitor, que está morto...

ANAL (ANALIDADE)

"Como se não bastasse sujar com a palavra 'sexual' as manifestações de afeto das crianças, ainda era preciso que o próprio sexual se visse por sua vez enxovalhado de modo revoltante pela referência ao anal" (Lou Andreas-Salomé). O lugar reservado à analidade na vida erótica e psíquica do homem não deixou de empanar a imagem pública da psicanálise. O nojo de que a "coisa anal" é espontaneamente o objeto, nojo desconhecido do mundo animal, assinala por si só a presença do inconsciente, do inaceitável.

A frequência de um sintoma tão comum quanto a constipação, que pode chegar a formas crônicas graves, é o mais sólido testemunho da remanescência da analidade na vida psíquica, de sua capacidade de assumir o conflito psíquico. Entre o adulto e a criança pequena, a zona anal é um lugar de trocas privilegiado, mesmo quando a educação para a retirada das fraldas não se transforma no mais rigoroso adestramento. As fezes evacuadas em horários fixos é o primeiro presente da criança à mãe. A não ser que ela se recuse, uma recusa (da perda) que forja a personalidade: obstinada, ordeira, econômica, esses traços que estão na maioria das vezes associados fundam uma "moral dos esfíncteres". Não largar nada, não ceder nada...

Se o conflito psíquico utiliza habitualmente os recursos da analidade, é porque esta é intrinsecamente conflituosa: expulsão/retenção, destruição/conservação ou possessão. O primeiro gesto associa-se naturalmente à atividade e ao sadismo; o segundo, à passividade e ao masoquismo. Podemos adivinhar que a dupla do ódio* (destrutivo) e do amor* (possessivo) também empresta uma de suas modalidades do erotismo anal. O recalque*, a sublimação* do erotismo anal assumem múltiplas formas, desde o deslocamento de baixo para cima, quando a boca se confunde com o ânus e a palavra se torna grosseira, torpe, e o humor, "pesado". Passando pela transposição ao contrário, quando o mais sujo, o mais desprezível se transforma no mais precioso: alquimista genial, o anal metamorfoseia a merda em ouro.

ANGÚSTIA

A respiração torna-se entrecortada, o coração apertado ou palpitante, o suor frio, o rosto lívido... o corpo* assinala à sua maneira a crise de angústia. Contudo, nada na realidade exterior justifica tal brutalidade, a angústia não é um medo. O inimigo está no interior, realidade psíquica e não material, e ainda mais *angustiante* por não ser possível fugir dela. Algo de inconsciente acaba de emergir, dilacerando as linhas de defesa, ultrapassando a capacidade de elaboração do eu*. A intensidade da angústia varia de um extremo ao outro, aqui simples sinal apelando para que o perigo seja circunscrito, ali violência brutal que chega ao ponto de tornar a própria vida insuportável. Acontece também de o trajeto da angústia deixar de passar por Psiquê, mergulhando imediatamente no corpo, com o risco de que este "somatize".

De todos os afetos, essas sensações marcadas pelo prazer ou pelo desprazer, a angústia é o mais nu, o menos qualificado; ao menos no seu primeiro instante, a angústia é um afeto de origem desconhecida. Mas não por muito tempo. Ela se agarra à primeira ideia, à primeira imagem que lhe dê a ilusão de "saber" o que a motiva. "Saber" permite que ela se transforme em medo, em fobia*. A lista das fobias é infinita: se o único medo é de andar de avião, a defesa contra a angústia encontra uma solução notável: para se proteger de sua irrupção, basta não deixar mais o país natal. É possível que a separação do primeiro país natal, o nascimento, seu grito, seja o protótipo da angústia.

A angústia é menos o adversário do que o aliado da psicanálise, porque abre para o desconhecido, para o inconsciente, e porque tem a faculdade de se deslocar de um objeto para outro, de ser um motor para a investigação, passado o momento de paralisia que inicialmente ela impõe.

ANOREXIA (BULIMIA)

Pode-se ser um bebê, ter apenas alguns meses e recusar todo alimento, toda ingestão, toda ingerência. Como se fosse mais perigoso se alimentar do que nada incorporar. É como se o bebê anoréxico tomasse a teoria psicanalítica ao pé da letra! Como esta, ele desconfia que esse seio, esse leite veiculam algo bem diferente de uma dádiva alimentar: uma paixão, um ódio*, uma angústia*... Diante desse regime torna-se paradoxalmente vital não engolir mais nada. Nessa hora precoce, quando as psiquês da criança e do adulto ainda não estão bem distintas, a cura pode se produzir "milagrosamente": basta que um ouvido escute as angústias maternas e o circuito nutridor se restabelecerá.

A anorexia do bebê não poupa os meninos, particularmente na hora do desmame; mas a anorexia da adolescência ou da idade adulta é quase sempre feminina. Isso faz parte de seu enigma. "Anorexias" no plural seria mais exato, já que a síndrome figura nos mais diversos quadros patológicos, desde a neurose histérica até as mais graves formas psicóticas. Pode-se morrer de anorexia.

Os tempos incriminam a moda e sua exigência de magreza, mas faz séculos que a anorexia é descrita (por exemplo, por Avicena no século XI), ainda que a imagem feminina valorizada fosse absolutamente arredondada. A forma histérica é a menos perigosa, é inseparável de representações sexuais inaceitáveis que migraram de baixo para cima, de um nojo que se deslocou da zona genital para a oralidade. A forma mais temível antecipa a puberdade, retarda-a, impede-a: crescimento estacado, amenorreia, magreza diáfana... Tudo isso acompanhado pela negação da doença, pelo orgulho da magreza, pelo desafio às pessoas com que convive. Os vaivéns anorexia-bulimia são frequentes como as práticas que delas decorrem: vômitos, laxantes... As anoréxicas têm sua santa, Catarina de Siena, que persistiu em seu combate contra o corpo* até a morte. Difícil encontrar exemplo mais forte da violência do psíquico, de seu extremismo.

"Faço minha anorexia com a minha mãe", diz uma delas. As angústias de intrusão e de separação ligadas às relações mais precoces mãe/filha* dominam o quadro, mesmo que o fantasma do incesto associe comumente o pai ao sintoma*. Resta o enigma da feminilidade. Angústia* narcísica de intrusão que ameaça as fronteiras do eu*, angústia libidinal de penetração que faz do outro um violador, os registros se confundem como se, na anoréxica, a feminilidade tivesse permanecido primitiva, à imagem de uma efração. É preciso conservar fechadas todas as entradas.

APEGO (*HOLDING*)

"Um bebê, isso não existe..." Para além da provocação lapidar, Winnicott ressalta uma evidência: a conservação da vida, nos primeiros tempos, é tudo, menos uma *auto*conservação. Para nascer, viver, sobreviver, incluindo psiquicamente, é preciso que haja ao menos duas pessoas. A psicanálise contentou-se durante muito tempo em reduzir à fome e à sede as primeiras necessidades. Mas elas estão longe de ser as únicas: calor, segurança, carinho... As trocas sensoriais (sorrisos, choros, vocalismos) do recém-nascido com a figura de apego, geralmente a mãe, são múltiplas e interativas. Um bebê de três dias é capaz de distinguir entre as vozes e de se voltar para aquela que prefere. Essa precocidade das competências, essa abertura para os primeiros objetos, longe de assegurar-lhe uma independência rápida, deixa-o, ao contrário, ainda mais à mercê de seu entorno. Quando os instintos garantem a normalização de ambas as partes, a vida segue seu rumo, mas o homem não é um primata como os outros. Uma mãe depressiva, imprevisível (por vezes intrusiva, por vezes indiferente), hostil, excessiva (em sensualidade ou em cuidados)... e são as fundações da vida psíquica que oscilam. Dessas falhas, o eu* da criança conserva as marcas: fragilidades, fissuras, feridas... Se são inconscientes, não é por serem inaceitáveis, como os recalques, mas por não terem sido compensadas, transformadas, reconhecidas. Se ela for enfrentada, no caso de um paciente *borderline*, a psicanálise se transformará em uma obstetrícia: finalmente nascer! Para mudar a vida, é preciso, em primeiro lugar, ter uma.

A natureza tem horror do vazio, o bebê também. Nascendo, ele descobre a gravidade, e o *holding*. Mal carregado no colo, psiquicamente mal carregado, alguma coisa nele cai: "O primeiro amor vem de baixo" (Winnicott). O bebê é um ser "aeroportado", como certas fobias* de avião mostram limpidamente, particularmente quando o *carregar* do divã* não cumpre sua função, transformando-o em um leito de reprimendas e de sofrimento. Para poder tomar o avião (ou a análise) sem outra angústia além de uma leve inquietação, *a fortiori* para se abandonar ao sono em pleno voo, sem sonífero nem uísque, é preciso dispor, no interior de si, de uma confiança quase absoluta naquele que nos carrega.

APRÈS-COUP (NO DEPOIS, *A POSTERIORI*)

A psicanálise padece de uma imagem que ela própria contribuiu para vulgarizar: "Aos cinco anos, tudo já está determinado", o que reduz todos os homens a seu passado infantil. O efeito de *après-coup* (no depois, *a posteriori*) complica singularmente esse causalismo rudimentar. Ema não passa de uma menininha quando o merceeiro de seu vilarejo permite-se um gesto inconveniente com relação a ela. O acontecimento deixará um traço, que contudo permanecerá durante muito tempo sem sentido e inativo, como excluído no interior de Psiquê. Até o dia em que, Ema tornara-se uma moça, uma circunstância "insignificante" – vendedores em uma loja (na falta de uma mercearia) que riem quando ela passa, que talvez zombem dela, e cujos rostos trocistas evocam um ríctus mais antigo – faz ressurgir o acontecimento primeiro. A colusão desses dois "golpes", separados por alguns anos, confere brutalmente um sentido àquilo que não tinha sentido, provoca o recalque* (que é sempre *après-coup*, no depois, *a posteriori*) e desencadeia a neurose histérica e seu cortejo de sintomas: não conseguir mais "sair", ser vista (desnudada), sem ser tocada pela angústia. Qual a "causa" da doença? O acontecimento da infância, sua revivescência por ocasião da segunda cena? O *après-coup* (no depois, *a posteriori*) não responde à questão, ele a *invalida*. Não se contenta em inverter a cronologia, desordena-a. É preciso dois golpes para fazer um trauma* psíquico.

O fenômeno do *après-coup* (no depois, *a posteriori*) não se limita unicamente à infância. Para receber (maus) golpes que ultrapassam a capacidade de elaboração psíquica no momento em que o golpe é assestado, não existe idade. Do mesmo modo que, em nós, não há idade para o inconsciente.

ATO FALHO

O homem se dispõe a fazer à mãe a visita semanal que, apesar das obrigações profissionais, ele nunca deixa de fazer. Completamente absorto por pensamentos comovidos que autofelicitam o "bom filho" que ele é, engana-se de plataforma e toma o metrô no sentido contrário.

Deslize, lapso, distração, erro, esquecimento... os atos falhos não são falhos para todo o mundo. Cada um deles assinala um *êxito* do inconsciente que, no desvio de uma palavra, de um gesto, acaba burlando uma vigilância, a da consciência, e rompendo uma barreira, a da proibição ou da censura. Muitas vezes ignorado, exceto se for computado na conta do acaso, o ato falho é o inconsciente de todos os dias.

Porque o sonho* nos transporta para lugares desconhecidos, inventa histórias para boi dormir e nos faz experimentar emoções de uma intensidade de que não nos julgaríamos capazes, ele convence sem grande esforço que "eu é um outro", que a unidade do eu* é uma ilusão, que a pessoa psíquica é dividida. Ninguém é *autor* dos próprios sonhos. O lapso faz a mesma coisa, mas porque o faz *mezzo voce*, ainda nos é permitido fazer como se nada fosse. O cansaço tem as costas largas.

O ato falho devolve a dignidade a todas as pequenas vexações da vida cotidiana, às quedas infelizes, quer caiamos de uma palavra ou de uma escada. À sombra desses pequenos nadas, um desejo amoroso se realiza, um ódio inconsciente encontra uma saída, um castigo vem para um crime que não cometemos, mas que desejamos secretamente. O ato falho manifesta sempre uma verdade, uma daquelas que preferiríamos ignorar. Não há "acaso interior". Esmagado por problemas que não acabam mais – o que ele fez para merecer isso, em todo caso, está "pagando bem caro" –, o homem que está indo digitar o código da porta do prédio de seu analista se engana de número e digita o de seu cartão do banco...

AUTOCONSERVAÇÃO, *ver* APEGO

AUTOEROTISMO

Paradoxalmente, é a masturbação, por ser vista apenas como um prazer solitário de órgão, voltado unicamente para a descarga, que é a menos capaz de ilustrar o que "autoerotismo" quer dizer. A fabricação do chiste, quando o erotismo recai sobre a palavra e joga com a linguagem, seria uma imagem simultaneamente mais fina e mais enigmática. Não existe autoerotismo sem que o corpo sinta a excitação. Contudo, isso não muda em nada sua natureza psíquica; é sempre à presença, inconsciente ou não, de um fantasma* que o corpo responde.

O primeiro gesto do autoerotismo mostra a sua construção: privados do prazer que acompanha a mamada, os lábios chupitam, beijam-se a si mesmos, sem saber a que seio se votar. O autoerotismo busca um prazer perdido, o reproduz, o multiplica. Mais genialmente, gênio da sexualidade infantil*, transforma em prazer uma experiência desprazível. A mãe foi embora; tudo bem, a criança lança seu carretel, puxa o fio para fazê-la reaparecer, brinca, regozija-se com o partir/voltar, *fort/da*. Quando um carretel se vai, muitos outros vêm.

BISSEXUALIDADE

"Estou me habituando a considerar o ato sexual um acontecimento que implica quatro pessoas" (Freud). É menos o coito, que nada deve à inventividade humana, que as preliminares, esse jogo da sexualidade que multiplica orifícios e apêndices e alterna atividade e passividade, que à força de "beijar, acariciar, morder, abraçar" apaga os limites entre os dois parceiros (Ferenczi), são as preliminares, então, que põem em cena a humana bissexualidade. Esta é um resultado: espectadora excitada do fantasma da cena primitiva*, a criança se identifica com ambos os parceiros, tanto a mãe quanto o pai.

Prova da polimorfia da sexualidade infantil, a bissexualidade custa a se manter durante muito tempo em equilíbrio. O sexo pende para um lado ou para o outro – não necessariamente para o lado da anatomia –, o desejo de identidade exige seu tributo, até repelir violentamente a parte abandonada. A menos que a própria bissexualidade se torne defensiva, como um modo de recusar a castração*, a "secxão": por que um só sexo e não dois? A adolescente que hesita entre a saia e a calça renuncia às vezes a se decidir, vestindo uma em cima da outra. A paridade acaso poderia se manter, mesmo nas realizações amorosas? Isso é sem dúvida mais acessível às mulheres que aos homens: duas mulheres dividem sem medo a mesma ducha; para os homens, é preciso ser pelo menos onze, um time de futebol.

Não há psicanálise possível sem bissexualidade, aquela que permite ao analista viajar de um sexo a outro, ser, por exemplo, um homem e encarnar na transferência uma mulher (feminino ou fálico) em uma relação homossexual.

BORDERLINE, ver ESTADO LIMÍTROFE, CONTRATRANSFERÊNCIA

BULIMIA, *ver* ANOREXIA, PULSÃO

CANIBALESCO (VAGINA DENTADA)

O horror do vegetariano diante de um bife malpassado indica de modo suficiente que o "canibalismo" está entre nós, dentro de cada um de nós; o horror nada mais é do que a face obscura do desejo. Quem começa? O bebê ávido para incorporar mais do que o leite, o seio e a própria mãe, ou a mãe que acha seu bebê "tão fofo que dá vontade de morder"? Ninguém é mais sensível a esse "incesto alimentar" do que a anoréxica. Mas também a criança seduzida que, antes de dormir, pede que lhe contem de novo e de novo a noite do "pequeno polegar" na casa do ogro. As doces (em que sentido?) palavras de amor, de "meu ursão" a "meu favo de mel", lembram que entre amar e ser amado e comer e ser comido há mais que uma semelhança. Que melhor meio de ser uma coisa só do que se apropriar do outro, possuí-lo, identificar-se com ele, "comê-lo"? "Comer" ou "devorar, cortar miudinho, despedaçar..."? Entre os dois, a ambivalência* hesita. O momento cristão da comunhão conserva esses traços. De um lado, o convite à Ceia: "Quem come minha carne e bebe meu sangue permanece em mim, e eu nele" (João, 6). Do outro, a proibição: não "mastigar" a hóstia!

Das ligações entre o fantasma* canibalesco e o incesto* com a mãe, surge uma figura primitiva: a vagina dentada. O homem que imagina com terror essa "boca da sombra" estaria errado em ter medo a esse ponto? Quando responde à penetração pelo *penis captivus*, a mulher mostra que o inconsciente dos dois sexos partilha o mesmo planeta.

CARÁTER, *ver* ANAL, INVEJA DO PÊNIS, NEUROSE OBSESSIVA

CASTRAÇÃO (FANTASIA, ANGÚSTIA, COMPLEXO)

Lembrança de infância: brincando de médico, ele conseguira de sua pequena vizinha que ela lhe mostrasse... Mas ele não se lembra de *nada*, ou apenas de uma *imperfeição*, uma pinta... Com esse enigma, a criança, o menino, forja uma teoria cujo axioma é o seguinte: "Todos os seres humanos têm um pênis" – como imaginar que alguém possa ser privado de um órgão tão precioso, visível, potente (basta ver o jato de urina), que desafia a gravidade e é objeto da admiração dos pais, particularmente da mãe. O axioma é intangível, mas a teoria admite variantes: todos os seres humanos têm um pênis... exceto aqueles que não o têm, ou que não o têm mais, ou que ainda não o têm. Enquanto durar a teoria-fantasma, a angústia é mantida longe, mas pode-se adivinhar o bicho dentro da fruta. Essa teoria do primado do falo* é menos uma teoria da diferença *dos* sexos que a de *um* sexo que sonha fazer a diferença.

O império exercido pela angústia de castração sobre a psiquê dos homens mostra o fracasso ao menos relativo da primeira teorização. Dessa angústia, as manifestações são quase sempre deslocadas: arriscar o dedo assim que alguém pega em um martelo, não passar em um exame óbvio, cair da escada na qual subimos todos os dias, fazer corpo mole no momento de marcar o ponto decisivo. A menos que o homem, antecipando qualquer surgimento possível da sanção, não aja logo como "castrado" – "puxa-saco", diz cruelmente a linguagem popular –, particularmente na presença de figuras de autoridade, lembrando por isso mesmo que é sempre ao "pai" que a ameaça é referida.

O temor de uma destruição dos órgãos genitais não está ausente nas mulheres, por exemplo sob a forma deslocada do medo de um câncer de útero – todas as revistas de "saúde" visam o público feminino. Por que lhes negar, com Freud, a vivência de uma angústia de castração? É que o inconsciente é um absoluto concreto e a imagem da castração, seu fantasma, é inseparável da perda do pênis. A experiência da brochada permite medir a diferença entre as angústias masculina e feminina. Verdadeira autocastração, o momento de impotência volta o homem para si mesmo; a angústia de castração é fundamentalmente narcísica, é um pedaço de si que se perde. Enquanto a angústia da mulher – se deixarmos de lado aquela de que a brochada realiza o fantasma castrador ("não é ele que tem!") e que a circunstância faz triunfar – é objetal, uma perda de amor: "Ele não me deseja mais, ele não me ama mais..."

A angústia* possui duas faces. Ela paralisa a vida psíquica, mas pode também se tornar uma fonte viva de transformação. Por ser "destacável", o pênis se presta a múltiplas substituições, do "malhadão" ao "*nerd*". A angústia de castração é o motor de uma simbolização. Ela é ainda aquilo que permite se desligar do primeiro objeto de amor: quando uma (mãe) vai, muitas outras vêm. É também a partir dessa mesma angústia, de sua elaboração, que a história das perdas precedentes pode ser reescrita: desmame, dádiva das fezes e – por que não? – nascimento. Inicialmente fantasma, angústia, a castração acaba em complexo quando prevalece sua capacidade de diferenciação, de estruturação, de distinção (entre o que é permitido e o que é proibido). Quando ela produz mais do que destrói.

CAUSALIDADE PSÍQUICA, *ver APRÈS-COUP* (NO DEPOIS, *A POSTERIORI*)

CENA PRIMITIVA (ORIGEM)

Alguns dos "mais vivos, mais belicosos e mais cruéis habitantes dos mares vivem o amor à nossa maneira. Esses monstros tão perigosos, o tubarão e sua tubaroa, são obrigados a se aproximar. A natureza lhes impôs o perigo de se beijarem. Beijo terrível e suspeito. Habituados a devorar, a engolir tudo cegamente, dessa vez renunciam a isso. Por mais apetitosos que possam ser um para o outro, impunemente, eles se aproximam de suas serras, de seus dentes mortais. A fêmea, intrepidamente, se deixa arpoar, dominar, pelos terríveis arpéus que ele lhe lança. E, de fato, ela não é devorada. É ela que o absorve e o leva. Misturados, os monstros furiosos nadam assim semanas inteiras, não podendo se resignar ao divórcio, nem se arrancar um do outro e, mesmo em plena tempestade, invencíveis, invariáveis em seu beijo selvagem" (Michelet, *O mar*). Tudo é dito da violência, da confusão (onde começa o corpo de um, onde acaba o do outro? Melanie Klein falará dos "pais combinados"), da paixão, do perigo e da angústia* que existe em se aproximar desta cena infernal, a que reúne no fantasma* da criança os pais acasalados. Cena tão fascinante quanto impossível de olhar; por tê-la visto de perto demais, Édipo fura os próprios olhos – "inversamente", o *voyeur* controla sua impaciência, pronto a passar a vida inteira com o olho colado no buraco da fechadura. Em que medida a multiplicação das posições na cena do coito não é um modo de buscar a mais originária dentre elas, aquela na qual devemos ter nascido? "Eu não estava na noite sexual em que fui concebido" (Quignard), a origem é uma imagem que falta. Pode não ser tão ruim assim, pois pode ser insuportável ouvir: "Você é um acidente, quando seu pai retirou-se, já era tarde demais."

CLIVAGEM (DO EU)

Na hora de dormir, Freud vê introduzir-se por engano em seu compartimento de vagão-leito um velhinho cansado, fantasma saído diretamente do país dos mortos; até entender que se trata simplesmente de seu reflexo no espelho, não uma imagem *dele mesmo*, mas de um *outro ele* que ele desconhece, encarnado um segundo no espelho. Um eu* com a idade de suas artérias, enquanto o outro não tem uma única ruga; o primeiro aceita a realidade, o segundo ignora-a ou rejeita-a. Clivagem comum do eu, instante de despersonalização, de inquietante estranheza, que faz parte desses fatos "psicóticos" da vida cotidiana, quando o inconsciente surge de fora e não de dentro. Saindo do cabeleireiro, em uma vitrine qualquer, cruzamos com o olhar de um desconhecido que levamos um bom segundo para reconhecer.

Entre o eu e o recalcado, há uma porta contra a qual o primeiro se encosta a fim de conservá-la bem fechada, quando o outro de trás empurra; a menos que ele tente entrar pela janela. Entre as partes clivadas do eu, há um vidro tão espesso quanto invisível que só percebemos no dia em que nele batemos a cabeça pela primeira vez. Na guerra de trincheiras que o eu empreende contra o inconsciente, a clivagem é uma linha de defesa. Não podendo se opor como um só bloco ao adversário, ele se cinde a fim de salvar o que pode ser salvo. Ele se divide, e não o faz para melhor governar. Psicoses* e perversões* fazem grande uso dessa cisão, já não sabendo muito bem por onde passa a linha que separa o dentro do fora, a realidade psíquica da realidade exterior.

A psicanálise sabe bastante bem esgueirar um pé no vão da porta a fim de permitir que o recalcado entre e, no melhor dos casos, se liberte. Mas, quanto ao encontrão intempestivo no vidro, ela não dispõe de nenhum manual de instruções, *isso** acontece. Uma clivagem vacila, quanto a ser abolida...

COMPLEXO DE ÉDIPO

"Se o pequeno selvagem fosse abandonado a si mesmo, se conservasse toda a sua imbecilidade e reunisse ao pouco de razão da criança de berço a violência das paixões do homem de trinta anos, ele torceria o pescoço do pai e se deitaria com a mãe" (Diderot). Incesto* e assassinato... o complexo de Édipo não consiste simplesmente em brincar de papai e mamãe. O sucesso da descoberta freudiana, sua banalização, abrandou amplamente a violência e as angústias da tragédia edípica. O complexo de Édipo contribui decerto para estruturar, diferenciar, integrar a proibição, mas *com a condição que se saia dele*. Ele só se torna uma "crise normativa" porque é inicialmente um momento de loucura. Desejar possuir a mãe ou matar o pai nunca estruturou ninguém. Os fantasmas* edípicos levam o amor* e o ódio* a seus últimos limites, e nada garante que a paixão do "homem de trinta anos" ultrapasse em desmedida a do "pequeno selvagem".

A palavra "complexo" mostra-se exaurida pelo uso, mas pronta, contudo, para mostrar a *complexidade* que ressalta. Não apenas a criança ama e deseja o genitor do sexo oposto, odeia e rejeita aquele que lhe faz sombra, mas vive também exatamente o contrário, às vezes ao mesmo tempo. Esses próprios desejos* são acaso simples? Qual seria o quociente de destruição no interior do desejo incestuoso, qual seria a presença da sexualidade no gesto do assassinato? E tem mais: dirigindo amor e ódio ao adulto, a criança apenas paga-lhe na mesma moeda. Não foi ela que começou. "Você prefere quem? O papai ou a mamãe?"

O adulto dá o primeiro passo, tanto no amor como no ciúme. Édipo, dizem, não sabia... mas Jocasta sabe, pois diz ao amante, buscando apaziguar sua angústia: "Não temas o himeneu com tua mãe: muitos mortais já partilharam em sonhos o leito materno. Aquele que não concede importância a tais coisas é também aquele que suporta mais facilmente a vida."

O adulto começa, e apenas ele pode acabar. Para a criança, será sempre "ainda", ela não dispõe do ponto final; se não for convencida a parar, acabará por borrar o belo desenho que está realizando. Para aquele que não ouviu "não!", que não o assimilou, a vida se tornará um pouco mais complicada. Ninguém renuncia sem algum pesar, mas, ao ser retardada, a renúncia só se tornará ainda mais pesada.

COMPULSÃO (OBRIGAÇÃO) DE REPETIÇÃO

"O que permaneceu incompreendido retorna e, como uma alma penada, só repousa quando encontra solução e absolvição" (Freud). Essa repetição de um recalque que retorna é um apelo; mesmo quando toma a forma de um sintoma invalidante, de uma angústia, de uma dor, ela busca quem possa ouvi-la e liberar o entrave, permitindo assim reconhecer o antigo prazer perdido atrás do atual desprazer manifesto. Reconhecer, por exemplo, por trás da imagem dos amantes repetidamente inconstantes ou decepcionantes e dos fracassos da vida sentimental, a fidelidade paradoxal a um pai insubstituível.

Mas acontece também de a repetição repetir apenas a si mesma, insuportável como um disco riscado. Não há nada além de um pedaço de sofrimento, uma queixa que parece ter como único objetivo provar a quem a ouve sua impotência. A análise perpétua rola seu rochedo de Sísifo. "Quando é que você vai se aposentar?"

Teorizando uma obrigação de repetição no interior mais sombrio da vida psíquica, onde o *isso** não passa de uma potência anônima e deletéria, ocupada unicamente em desfazer o que mal acaba de ser construído, a psicanálise descobriria uma zona de trevas para além de todo prazer, mesmo o masoquista? Ou, dominada por um fascínio "romântico" pelas forças de morte*, não estaria apenas recobrindo com os ouropéis da teoria aquilo que deriva dos limites humanos de sua prática?

CONFLITO PSÍQUICO

Inimigos a serem *recalcados*, linhas de *defesa* atacadas, *resistência* encarniçada... a vida psíquica é uma vida de conflito. Entre o eu e a realidade exterior não faltam choques, mas o antagonismo principal se dá com o inimigo interior, de que é impossível fugir, que é impossível vencer. É preciso se submeter, se comprometer, negociar... por vezes mesmo se libertar, quando um recalque* é abolido.

A pessoa psíquica é dividida, mesmo que o eu*, com seu gosto pronunciado pela síntese, se esforce por manter uma unidade relativa. O equilíbrio é tanto mais frágil quanto o inimigo tem vários rostos. De um lado, o supereu*, que assume a forma de uma autoridade intransigente, pesando como uma chapa de chumbo sobre a vida e seus prazeres, à imagem de um deus calvinista. Do outro, o isso*, que se exprime por uma impaciência pulsional, "tudo imediatamente"; a exigência é a de uma satisfação que ignora os limites. Entre Calvino e Dionísio... o que a história separa, Psiquê reúne.

Felizmente, restam os ardis do inconsciente humorista. Juliano é um homem jovem e, contudo, moralista. Apaixonado e fiel à companheira, opõe-se ao que percebe em si mesmo como um desejo por "todas as mulheres". Particularmente pela recém-contratada que acaba de desembarcar em seu local de trabalho; ela e seu vertiginoso decote. Evita olhá-la ou então, quando é obrigado, o faz "de olhos vendados"!

CONTRATRANSFERÊNCIA

Seu irmãozinho tinha acabado de nascer quando a enviaram à casa de uma tia no campo. Em suas lembranças, ela revia o pomar em flor e o prazer de brincar livremente. Uma lembrança muito boa... Na sessão seguinte a essa evocação, ela teve a surpresa de encontrar a porta fechada, seu analista não estava! Quando este último percebeu seu ato falho*, ficou ao mesmo tempo confuso e perplexo! Como explicar tal esquecimento? Bem, tratava-se de uma reposição de sessão em um horário inabitual, mas isso não era razão suficiente. Incapaz de chegar por si mesmo a alguma conclusão, procurou um ouvido ("Para ser psicanalista, é preciso duas coisas, um paciente e um colega", afirmava Perrier). O que saltava aos olhos, tornou-se finalmente visível. Seus pais haviam-lhe feito a mesma coisa: despachado para a casa da tia da Bretanha no momento do nascimento daquela que iria roubar seu lugar. Por trás da encobridora lembrança campestre, a paciente recalcava a violência do sentimento de abandono então experimentado. O ato do analista agia sobre um fantasma de abandono recalcado pelos dois protagonistas: "Você não foi abandonada? É o que veremos!"

A contratransferência, como o nome indica, não é primeira. Trata-se de uma resposta do inconsciente do psicanalista a uma transferência* que toca um ponto sensível nele, um ponto cego. Assume muitas vezes a forma de uma ponta de angústia, de um sonho pós-sessão, de um movimento de mau-humor, mais raramente de um ato ao modo da cena evocada. Freud viu na contratransferência principalmente um obstáculo: um inconsciente já basta para a dificuldade da psicanálise, não vale a pena acrescentar os malfeitos de um segundo. Mas, ao mesmo tempo, foi ele quem abriu o que viria a se tornar sua pista mais fecunda: "Todo ser humano possui em seu próprio inconsciente um instrumento com o qual é capaz de interpretar as expressões do inconsciente no outro." De obstáculo, o inconsciente do analista tornou-se um instrumento indispensável. O que é ainda mais verdadeiro quando o paciente é "difícil", quando a regressão é profunda e a violência da Psiquê obtém livre curso. O paciente *borderline* é "o analista selvagem do analista" (Fédida). A segunda regra fundamental* da psicanálise, a necessária "análise aprofundada do analista" (Ferenczi) decorre diretamente da atenção que se deve obrigatoriamente prestar à contratransferência.

CORPO

No divã*, Aline fica mais do que à vontade, evocando, com quase nenhum constrangimento, o modo como, ao longo da sessão e das coisas ditas, a excitação vai ganhando várias partes de seu corpo, até tornar imperativo o apaziguamento pelo gozo. No polo oposto, o neurótico obsessivo* – partidário resoluto da exclusão recíproca da alma (psiquê) e do corpo – se queixa que a psicanálise se reduz a um exercício "intelectual". Sua tensão, sua imobilidade constrangida no divã "dizem" contudo o inverso: a necessidade de manter alerta, sem descanso, um corpo ameaçado de ser *tocado* a cada instante pelas palavras.

Ninguém se emancipa facilmente de vinte e cinco séculos de uma convicção dualista que, desde Platão, opõe radicalmente a alma ao corpo e formata, à nossa revelia, nossas categorias de língua e de pensamento. Contudo, toda a experiência psicanalítica, a desse "*corpo* estranho interno" (Freud) que é o inconsciente, contribui para turvar distinções nítidas demais: o eu se constitui por identificação*, mas essa se confunde inicialmente com os processos de ingestão-incorporação; a primeira posse, a primeira propriedade, tem seu modelo na "coisa anal"; a constituição do dentro e do fora, sua diferenciação, encontra na oposição entre feminino e masculino um precioso apoio etc. Não existe nenhum processo "psíquico" que, à imagem da angústia* ou do prazer, não disponha de um trajeto somático. Os dois exemplos "simples" da anorexia* e da constipação obsessiva indicam uma vida psíquica que é indissociavelmente uma vida (uma desordem) orgânica. A doce excitação, a que acompanha o surgimento do fantasma e esboça no corpo uma geografia erógena inesperada – o períneo que se contrai, a nuca que treme, a pele de galinha que eriça os pelos dos antebraços, um arrepio que percorre o corpo dos pés à cabeça... –, a doce excitação desenha o *corpo de Psiquê*.

CRISE DE ADOLESCÊNCIA

Adolescens, "crescendo". Por mais que a puberdade, a maturidade genital, seja no homem, entre todos os mamíferos, particularmente tardia, ela sempre chega de modo intempestivo. Psiquicamente, nunca é a hora. Ana usa tons telúricos para descrever sua irrupção: "Os seios crescem, os pelos, a menstruação, as espinhas, não reconhecemos mais a pele do rosto, achamos que acabou, mas não... os quadris ainda têm que se alargar." A puberdade, mais do que nunca, faz com que inconsciente e corpo* se reúnam, em uma experiência de estranheza que nem sempre evita a despersonalização. O combate contra esta última assume formas paradoxais, especialmente as escarificações, quando é necessário verificar, confrontando-se com o envelope, com a pele, que o eu* conserva sua integridade. O corpo está em crise, o único desejo de Psiquê é acompanhá-lo.

Por um lado, o adolescente se opõe, é contra tudo o que é a favor. Por outro, ao lado dos colegas e não mais dos pais, leva o conformismo ao extremo: mesmas roupas, mesmos gostos, pensamento único... A um só tempo revolucionário e totalitário. O luto da infância com o qual ele defronta está acima de suas forças; às vezes a depressão* espreita. Ou a violência: todo luto* é um trabalho de desapego, um trabalho de assassinato.

Engolfado pela crise de corpo e alma, ele não sabe mais a que sexo se devotar, com que sexo se identificar. O outro é tão sedutor quanto desconhecido e perigoso; o mesmo tranquiliza, mas confina.

O pior para o adolescente não seria, entretanto, que a sua crise passasse despercebida? Por falta de um "não", de um encontro com o poder e sua proibição, por falta de ódio* e de amor*... Para ter uma "crise de adolescência", não basta correr todos os riscos. Para que haja *crise* e para que a crise seja um desafio, é preciso ainda que aqueles para os quais ela é endereçada acusem recepção.

CULPA (RESPONSABILIDADE)

O inconsciente não é uma circunstância atenuante. Mas certamente agravante. A pessoa que se sente invadir pelo sentimento de culpa – o sangue sobe-lhe às faces, os olhos se abaixam – não *fez*, contudo, nada; apenas pensou, desejou... No inconsciente, reino do fantasma*, nada distingue *desejar* e *fazer*, o pensamento do crime é o crime. Vem a punição, que vai do pé que tropeça no tapete (ver Ato Falho) até o ódio de si melancólico, passando pelo sintoma obsessivo: é mais fácil lavar as mãos que lavar os próprios pensamentos.

O inconsciente, seu autoerotismo*, tem mais de uma carta na manga. A culpa atesta manifestamente a condenação do desejo, mais secretamente acontece de ela se pôr a serviço dele: *mea maxima culpa*, a repetição dessa fórmula até a litania mascara mal o prazer masoquista, o dos pensamentos que (auto)torturam a fogo brando, a culpa inconfessável e deliciosa, a cada dia realimentada... A confusão entre psicanálise e confessionário feita pelo paciente é a "confissão" certeira de uma disposição à neurose obsessiva*.

O bom-senso pretende que a culpa segue o delito; acontece, contudo, de ela o preceder e até mesmo o provocar, de alguém se tornar "criminoso por sentimento de culpa" (Aichhorn, Freud). Como a criança que, de besteira em besteira, busca a palmada que tarda a vir. Que pode ganhar com isso o "criminoso"? *Saber*, conhecer seu crime, poder referir a um fato tangível a culpa angustiante de origem desconhecida (fantasma de assassinato, de incesto?) que não o deixa em paz.

A psicanálise leva a uma ampliação considerável da *responsabilidade*, em um sentido bem diferente de uma psicologia da consciência e do livre-arbítrio. "Eu não fiz de propósito" é menos uma desculpa que a promessa de uma repetição. Privar o criminoso de sua culpa, declarando-o "irresponsável", leva regularmente à sua destruição psíquica. "O castigo do criminoso é seu direito." (Hegel)

CURA

Uma terapia cognitiva e comportamental curou-o de seu sintoma*, os túneis já lhe provocam menos medo e ele pode voltar a tomar o Eurostar duas vezes por semana, arriscar a aventura de "algumas léguas submarinas". Porém a angústia permanece, mais difusa, ele teme "a noite escura", ele, que dormia como um bem-aventurado, tem agora alguns distúrbios do sono. A angústia* é um afeto migratório, quando fechamos um túnel, ela toma um caminho transversal, muitas vezes uma antiga pista que acreditávamos desativada.

Se a cura é um "ganho marginal" (Freud) do processo psicanalítico, não é por ser negligenciada ou tratada com descaso, mas porque a experiência mostra que uma focalização na vontade de eliminar os sintomas leva a um simples deslocamento da angústia, quando não ao resultado inverso ao desejado. Quer se trate de uma fuga na doença: o neurótico preza mais a sua neurose* que a si mesmo, a dor do sintoma mascara uma satisfação secreta à qual está fora de cogitação renunciar. Quer se trate de uma fuga na cura: desaparecido o sintoma, Psiquê se fecha a toda exploração suplementar.

Quando a necessidade de curar do clínico se torna a tal ponto exigente que se transforma em *furor sanandi*, ela coloca em questão as motivações profundas do próprio terapeuta. Curar quem? A mãe ferida dos primeiros tempos? A criança maltratada? "Procedemos ao modo de uma mãe carinhosa, que não irá se deitar à noite antes de ter conversado a fundo com o filho", escreve Ferenczi. Os últimos anos deste são outras tantas tentativas trágicas de um "curar a todo custo", de uma reparação impossível. Contudo, não existe nenhuma doença psíquica, por mais grave que seja, que não seja em primeiro lugar um modo (às vezes louco, às vezes suicida) de se proteger, de se cuidar. Uma doença que pede para ser *ouvida*, antes mesmo de ser curada.

O que quer aquele que não quer se curar ou, pior ainda, que responde a uma primeira melhora com uma agravação suplementar? A "reação terapêutica negativa" é um momento particularmente penoso, tanto para o paciente quanto para o psicanalista. Trata-se de satisfazer secretamente uma necessidade de punição, uma culpa* insaciável? De provar a incompetência daquele que "cuida de você"? Uma vida infeliz é *ao menos uma vida*, o masoquismo* moral é uma primeira afirmação: "Sofro, logo existo!"

CURA PSICANALÍTICA

Repetidas decepções amorosas, uma orientação sexual hesitante, uma afonia que surge todas as vezes que se tem de falar em público, um mal-estar indefinível, uma ereção vacilante, uma mãe sufocante, um pai que nunca nos amou, a morte de alguém muito próximo, não conseguir ter um bebê, uma aversão pela sexualidade, uma adicção à sexualidade que não deixa lugar para mais nada, uma doença somática grave, a agravação da angústia* apesar da supressão de uma fobia* por meio de uma psicoterapia comportamental, uma depressividade que estraga tudo o que se empreende, um ciúme que não conhece repouso, um livro que não se consegue mais escrever, não ter nunca encontrado alguém que nos escute... o recurso à psicanálise se confunde com a experiência humana. Por mais que a infelicidade possa parecer vir de fora – "o inferno são os outros" –, temos a intuição de ter alguma participação nela; que é preciso mudar para que as coisas mudem. Sem saber, procuramos a análise para mudar o passado, reescrever sua narrativa, descobrir o ódio* por trás do amor* manifesto (ou o inverso), a secreta satisfação por trás do desprazer, uma prisão que não queremos deixar. Entre os riscos que corremos, há o de nos tornarmos um pouco mais livres que antes.

DEPRESSÃO

"O céu baixo e pesado pesa como uma tampa" (Baudelaire), a depressão é como uma neblina que cai sobre a vida psíquica. Nada mais brilha, nada mais vale a pena. "Depressão", a palavra mal chega a ser uma metáfora, de tanto que o corpo se prostra, o movimento torna-se lento, o rosto se esvazia. Resta apenas uma angústia* nua que tenta se agarrar a tudo o que passa sem conseguir, contudo, segurar-se em nada. "Que os dias comecem e que os dias acabem, que o tempo escoe. Nada mais querer. Esperar até que nada mais haja a esperar" (Perec). A depressão é uma doença contra o tempo, uma "doença da morte". À generalidade filosófica, existencial, do Absurdo e do Mal-Estar, a psicanálise opõe o concreto da representação inconsciente: "*A própria morte não passa de um morto*" (Freud). Que morto apaga a vida do depressivo? A pista muitas vezes se perde entre os mortos do ano, os mortos esquecidos, os mortos desconhecidos. Uma imagem está frequentemente presente, a do filho morto*. "O filho morto em mim", como diz o poeta, a não ser que seja *nele*. Uma mãe *perde* a criança que põe no mundo. O depressivo é uma criança perdida. Se ele é ainda um fantasma* que seu estado vegetativo realiza, é o fantasma de um retorno à vida antes da vida, na imobilidade do ventre materno.

Para além das depressões singulares, Melanie Klein impôs a ideia de uma posição depressiva atravessada por cada criança, espécie de "melancolia *in statu nas-*

cendi". O objeto cuja perda a criança chora é o seio, a mãe*, aquela que reúne amor, bondade, segurança; uma mãe perdida por ter sido destruída pelos fantasmas ávidos do bebê. Uma mãe quebrada e em seguida consertada, como o urso de pelúcia preferido, e maltratado. Só destruímos o que amamos, a depressão é um conserto.

DESAMPARO (ESTADO DE)

O choro ao nascer é o primeiro grito de desamparo. Antes de ser uma experiência singular de abandono, o desamparo é um *estado*, o de um recém-nascido em sua incapacidade de ajudar a si próprio, de responder por seus próprios meios a suas necessidades mais primitivas, tanto no plano vital como no plano psíquico. Essa impotência tem como contrapartida expandir desmesuradamente as figuras parentais, dotando-as de onipotência. O sentimento religioso alimenta-se de diferentes fontes, o desamparo é uma delas, quando a vida, de decepções em desesperos, repete o estado de despojamento primordial; não sabemos mais a quem, ao pai ou à mãe, nos devotar, voltamo-nos a Deus, que tem a vantagem, se não de responder, pelo menos de suportar ser rogado a toda hora. O desamparo torna-se derrelição, à imagem de

Jó: "Nu saí do ventre de minha mãe, nu para lá retornarei." A adicção*, a dependência de um produto que reconforta antes de destruir, é outra resposta ao desamparo. E deve-se notar que não é raro que alguém se cure de uma, a mania tóxica, voltando-se para outra, a simbolização religiosa (como nos Alcoólicos Anônimos ou nas asceses místicas). O amor de Deus é menos arriscado que o amor dos homens (ou das mulheres). Antecipando uma ruptura sentimental sempre possível e o perigo da perda do amor, Lisa se abastece em função do desamparo a vir: sua geladeira conserva permanentemente uma porção de papinhas para bebês na "primeira idade".

"Eu preciso de você!" Na situação analítica, o grito de desamparo ressoa quando toda separação é vivida como um abandono, uma remissão ao nada. À diferença da angústia*, o desamparo recusa-se a se deixar analisar, quer simplesmente ser reconhecido em sua atualidade. Toda referência ao passado, à infância, longe de abrir para uma interpretação e uma mudança possível, é recebida como uma violência, uma indiferença. O grito de desamparo só pede uma coisa (impossível), voltar a encontrar o que nunca existiu: as virtudes substanciais e contínuas de uma presença materna sem falhas.

DESEJO

Desejar, *desiderare* (*de-sidus-eris*), significa etimologicamente contemplar o "astro", ser "siderado" por ele sem jamais poder possuí-lo... Assim caminha a vida, voltada para o que não temos, animada pelo que falta, buscando adiante o que, atrás, perdeu. "Encontrar o objeto é sempre reencontrá-lo" (Freud), exceto pelo fato de o reencontro nunca ter o gosto da "primeira vez" – dos *vestígios* da "primeira vez". Fora aquele que foi arrebatado para o sétimo céu, quem pode se considerar plenamente, definitivamente satisfeito? O desejo é em si mesmo um paradoxo: significa uma ausência, mas *não temos nada* além disso. "Infeliz daquele que nada mais tem a desejar! Perderá tudo o que possui." (Rousseau)

O inconsciente, o infantil, não quer saber de nada disso. Ignorando a negação, *realiza* o desejo. *Isso** alucina. Nele, nada separa desejar e fazer, ou possuir. De modo deformado, às vezes ilegível, o sonho* e o sintoma* mostram isso. Mas talvez seja o reino do fantasma* que emita sua imagem mais clara. Repentinamente um rosto* se ilumina, quando nada na realidade se presta ao sorriso, e adivinha-se que um desejo secreto acaba de realizar-se. Realização imaginária, evidentemente, mas com efeitos bem reais: quem jogaria na loteria se, no tempo que separa a aposta do sorteio, não fosse possível se tomar por um astro, dispor do grande prêmio e usá-lo generosamente?...

DESEJO DE FILHOS

"Apenas o nascimento de um filho traz à mãe uma satisfação sem restrição. Sobre o filho, a mãe pode transferir a ambição que teve que reprimir em si própria" de sua inveja do pênis* (Freud). Afirmação de um filho preferido ou de um teórico perspicaz? Provavelmente os dois. É evidentemente desconcertante constatar que a teoria freudiana é, em todos os pontos, homogênea ao fantasma* que sustenta o masculiníssimo fetichismo*. O que equivaleria a emprestar à mulher/mãe o seguinte pensamento inconsciente: bem sei que não tenho pênis, mas assim mesmo... tenho um filho, um menino, a quem não falta nada! Fetichismo de Freud ou não, todo analista, seja qual for seu sexo, tem múltiplas ocasiões de verificar a equação inconsciente do filho e do falo. Existem muitas vidas (não apenas de meninos, pode-se ser menina e "falo da mãe") consagradas à implementação do programa fálico materno. Vidas de *campio*, de campeão, devotadas à causa da Dama.

A crítica à teoria freudiana é tão necessária quanto relativa, não é *o* desejo de filhos que Freud teoriza, mas uma de suas figuras fantasísticas entre múltiplas outras possíveis. Ao sabor das variações da sexualidade infantil*, pode acontecer de a criança *no ventre* ser o herdeiro de um erotismo mais arcaico, mais anal* que fálico: da "coisa mais suja" ao seu mais precioso contrário, a mãe põe no mundo um filho de ouro. Este não se tornará o cetro daquela que o está engendrando, mas sua *posse* – com o risco ambivalente da *expulsão*.

Não é raro que o desejo de ter um filho seja, hoje, o que leva uma mulher a iniciar uma psicanálise. A "revolução" dos costumes concedeu às mulheres uma liberdade que não era, até então, a característica primeira de sua vida sexual. Como consequência, a "automaticidade" do filho foi atingida. O destino conjugal e materno de uma mulher estava traçado, não o está mais. A liberdade política é prazerosa, a liberdade psíquica é angustiante. A empreitada é ainda mais incerta por se desejar que esse desejo seja partilhado; por um homem ou por uma mulher, a abertura dos possíveis sendo uma complicação suplementar.

Existem tantos desejos de filhos quanto fantasmas que os sustentam: uma deseja antes de tudo ficar *grávida*, desejo de uma plenitude em que ressoam tonalidades melancólicas. Outra não quer um filho, mas um *bebê* – certas pessoas, sobretudo os homens, trazem essa marca indelével. Uma terceira deseja uma "menininha", como aquela que sonhou ser, uma outra ainda quer um "bebê de peito" para poder usufruir do aleitamento etc.

A procriação médica assistida revela às vezes entraves inesperados. A doação de óvulos tem assim o "mérito", para algumas mulheres, de romper a filiação biológica: fazer um filho torna-se possível porque ele não será o "bebezinho" de sua própria mãe. O inverso também existe, o fantasma de um mundo de mães e filhas realizado por clonagem. Enfim livre dos homens... O inconsciente sonha, sobe o Amazonas.

DIFERENÇAS

Não há, no inconsciente*, nenhuma negação, nenhuma contradição, oposição ou diferença. Nenhuma gradação à certeza dos desejos realizados, apenas variações de investimento segundo os conteúdos. O inconsciente, o infantil, não diz "não", nele coexistem ódio e amor, masculino e feminino, ativo e passivo, vivos e mortos... Nele, tudo está presente, ele ignora a ausência. Não é dele que pode vir a *organização* da vida psíquica, a construção do sujeito, a estruturação da pessoa. É *contra* ele. Todas as diferenças: diferença dos sexos, das gerações, entre o dentro (realidade psíquica*) e o fora (realidade material), entre os vivos e os mortos, a alma e o corpo*, o oral* e o anal*, o proibido e o permitido, a ausência e a morte... todas as diferenças são distanciamentos que se tomam com relação aos processos psíquicos mais primários, os que "regulam" a vida do inconsciente.

A neurose é uma patologia do conflito, ela se situa precisamente no ponto de confronto entre o "sim" do inconsciente, que procura apenas sua realização, e o "não" dos sistemas superiores da vida psíquica, os que querem estabelecer as diferenças. Na neurose, as diferenças são conflitantes. Mas existem outras patologias em que a invasão dos processos primários se alimenta de diferenças ignoradas, ou denegadas. A perversão* não quer saber da diferença entre os sexos ou as gerações; a psicose*, daquilo que opõe o dentro ao fora; a melancolia*, daquilo que separa os vivos e os mortos; o estado limítrofe*, daquilo que distingue a ausência da perda definitiva...

DIVÃ

Anaïs chega para a sua primeira sessão de análise. As entrevistas iniciais haviam permitido fixar suas condições: a frequência, o divã... É contudo na poltrona que ela se instala ainda dessa vez; ela fala, sem dizer uma única palavra sobre o que a impede de ir ao divã. Mesmo enredo nas sessões seguintes. E, depois, um dia, sem razão evidente, sem explicação, ela se deita imediatamente. Apenas alguns meses depois ela comentará esse estranho balé. Naquele dia, não havia (finalmente) na almofada a toalhinha de papel que ali se encontrava normalmente, "aquele tipo de toalhinha sobre a qual o doente coloca a cabeça quando se deita na mesa de operação".

O divã (do turco *diwan*) é a contribuição do orientalismo para a psicanálise, que nos vem diretamente da sala de consultas do Sultão, de seu conforto guarnecido de almofadas, da lascividade de suas odaliscas. Imagem de luxúria que, somada à reputação de uma psicanálise que "só pensa *nisso*", afasta mais de uma pessoa. Convidar um paciente a se colocar no divã não diz nada do modo como essa mensagem é recebida, traduzida. Ao se "perder da vista", ao *se ausentar* assim, o psicanalista espera romper mais seguramente com as modalidades da conversa comum, facilitar a regressão* e as transferências*, permitir que o *sonhar* se misture ao falar. O que o analisando "percebe" é outra história. Um ouve um apelo para se submeter: "Deite-se", e lembra-se que, em gíria, "esticar-se" é sinônimo de "morrer". Uma outra traduz para "mulher da vida", que se deita em qualquer lugar. Anaïs vê apenas uma promessa cirúrgica, um quarto adota a pose da estátua jacente... A análise já começou, uma primeira transferência já se instalou.

DOMINAÇÃO (PULSÃO DE)

"Nos meninos, a preferência dada à mão no momento da masturbação é o indício da importante contribuição que a pulsão de dominação trará mais tarde à sexualidade masculina" (Freud). A mão no pênis, a mão no sexo antecipa o poderio sobre o objeto. A dominação seria, no âmbito da sexualidade humana, o que resta da parte do músculo, alguma coisa da espécie e de sua relação de força que teria resistido à invenção infantil e polimorfa da vida sexual, que faz variar os objetos, as escolhas, os objetivos, as posições... Tornar-se senhor e possuidor da natureza, principalmente da natureza da mulher! A Natureza decididamente faz bem as coisas quando permite ao homem recorrer à espécie quando a castração* e sua angústia espreitam. Assim que lê nos olhos de sua companheira o desejo (ardente) de que é objeto, Carlos sempre fica um pouco abalado. "Puxa, seria mais fácil se, de tempos em tempos, ela dissesse: 'Oh não! Oh não!'"

ENQUADRE (*SETTING*, *SITE*)

A "prova do estrangeiro", o embarque rumo ao desconhecido em que consiste uma psicanálise – não vamos à psicanálise para "dizer tudo", ou aquilo "que não queremos dizer", mas para dizer o que não sabemos... – é uma aventura possível apenas se tivermos a certeza de conservar ao menos um pé em terra firme. O movimento é algo relativo que só ganha sentido em função de um ponto fixo. Mesmo número de sessões, mesma duração da sessão, mesmas condições de luz, de calor, mesmo custo, mesma atitude do analista, quer o tenhamos adulado ou insultado... a alteridade do inconsciente se exprime sobre um fundo de constância e de identidade, a do "enquadre". A palavra não é muito feliz, possui ângulos retos demais, confundindo identidade e rigidez. Mesmo que esta última possa ser bem-vinda quando a terra treme, ela não pode se tornar um fim em si. O inglês *setting,* e sua derivação "site" (Fédida), dizem a mesma coisa com mais maleabilidade. O "enquadre" não se limita a alguns dados contratuais (tempo, dinheiro), mas traça a fronteira de um dispositivo. Que essa fronteira, o espaço que ela desenha, seja uma condição de possibilidade para o desenvolvimento da análise não significa que saibamos exatamente por onde ela passa. Luís – que não suporta ver no varal duas meias desemparelhadas penduradas lado a lado – notou que na estante havia um livro com a lombada de cabeça para baixo. "Fazem isso de propósito para irritar os pacientes?" Cada um interpreta o enquadre segundo suas próprias medidas, a de seu fantasma* ou de sua angústia*.

O *setting* se forja à imagem do eu*, abraça a sua forma, ambos são seres de fronteira. Quando esta está nitidamente traçada, quando o eu não está inseguro quanto à sua unidade, o enquadre passa despercebido, como as fundações de um edifício bem construído. Mas, se a fronteira (*borderline*) é incerta, conflituosa ou pisoteada, o enquadre, seja ele sacralizado ou, ao contrário, atacado e ameaçado de destruição, torna-se ele próprio o objeto, no lugar da análise. Para Helena, que não dispunha, no interior de si mesma, dessa continuidade de ser em que se assenta uma identidade, o primeiro evento da cura foi perceber, para sua grande surpresa, que ela não teria que marcar outra sessão depois da *vacância* de verão. Seria no mesmo dia da semana, na mesma hora do dia. Em um pano de fundo de desamparo, o analista pode ter a oferecer a seu paciente apenas sua pontualidade (Winnicott).

EROS, *ver* AMOR, AUTOEROTISMO, OBJETO, PLASTICIDADE DA LIBIDO

ESQUECIMENTO *ver* ATO FALHO

ESQUIZOFRENIA

Do amigo Joyce, Beckett dizia: "Para ele a queda de uma bomba e a queda de uma folha é a mesma coisa." Joyce, Hölderlin, Van Gogh e alguns outros tiveram tempo de transformar sua loucura em gênio, antes que o desastre os alcançasse, antes que *Ulysses* se transformasse em *Finnegan's Wake*. Coube a um deles, Artaud, que preconizava "o desmoronamento central da alma" (*schizein*, "fender", *phren*, "espírito"), comentar com o máximo de *verdade* a obra de um de seus semelhantes, *Campos de trigo com corvos*, que Van Gogh pintou dois dias antes de se suicidar: "Digno acompanhamento da morte daquele que, durante a vida, fez girar tantos sóis ébrios sobre tantos montes de feno clandestinos e que, desesperado, com um tiro de fuzil no ventre, não pôde deixar de inundar de sangue e de vinho uma paisagem, encharcar a terra com uma última emulsão, alegre e ao mesmo tempo tenebrosa, com um gosto de vinho acre e de vinagre avariado."

Herbert Rosenfeld foi um dos que tentaram a aventura do tratamento psicanalítico com esquizofrênicos. Como sua paciente sempre chegava com mais de uma hora de atraso, bem depois do término da sessão, ele combinou com ela que ela se levantaria bem mais cedo. Era não contar com um eu* a tal ponto despedaçado que não via mais a relação entre: levantar-se cedo, tomar uma ducha, tomar seu *breakfast*, subir no *bus*, bater na porta do psicanalista... Jacques Rivière (diretor da *Nouvelle Revue Française*) desculpa-se junto a Artaud por não poder publicar seus poemas em razão de "estranhezas desconcertantes". Artaud protesta: "Creio que a maioria das estrofes são boas. Só o *conjunto* destrói seu valor."

ESTADO LIMÍTROFE (*BORDERLINE*)

Antes de se tornar uma psicanalista especializada nos estados limítrofes, Margaret Little foi ela própria a paciente *borderline* de Winnicott. Em um dia de desespero e cólera, ela se levantou bruscamente do divã*, pronta a arrancar todos os livros da estante, mas preferiu se lançar contra um grande vaso de lilases brancos, que ela quebrou e, de raiva, começou a pisotear... Diante de tal tempestade, que utilidade podem ainda ter os instrumentos habituais da navegação psicanalítica: livres associações do paciente, escuta flutuante do analista e interpretação? A dificuldade começa já no enunciado da regra fundamental*: para aquele ou para aquela que uma angústia* sem representação encarquilha no divã, para este outro descompensado que entrega sem reservas as coisas mais íntimas, que sentido teria convidá-los a "dizer tudo o que se passa pela cabeça"? O paciente *borderline* questiona as *fronteiras* da psicanálise e a força de se reinventar.

A teoria acariciara a esperança de distinções claras entre o que é neurótico, psicótico ou perverso. Mas a teoria não impede que as coisas existam nem que a vida misture tudo. O estado limítrofe recorre a mecanismos psicóticos (clivagem*, denegação, identificação projetiva...), mas, quando evolui para formas graves (depressão*, adicção*...), não é a via da psicose* que ele "escolhe". A combinação de uma vida social normal e de uma "loucura privada" (Green) não é rara.

O mais difícil? Os outros, e antes de tudo aqueles que amamos e que nos correspondem tão mal. A presença deles é tão indispensável quanto insuportável – fato de que o analista tem a amarga experiência. Por trás dessa incapacidade de ficar sozinho, para além da confusão entre ausência e desaparecimento, perfila-se quase sempre "o único objeto do ressentimento", uma mãe* primitiva, paradoxalmente tão insubstituível quanto foi rejeitadora ou ignorante da demanda de amor do filho. "Pare de chorar, querida, você está incomodando todo o mundo."

EU (EGO)

Confrontado às provações de uma realidade à qual procura adaptar-se, atacado pelo flanco esquerdo pelas reivindicações pulsionais do isso* que buscam exclusivamente sua satisfação, instado, por outro lado, a andar na linha por um supereu* muitas vezes tirânico, o eu não sabe mais para onde ir. Cavaleiro cavalgando como pode sua montaria, se lhe perguntarmos: "Para onde vai?", ele responderá: "Pergunte a meu cavalo!" (Freud)

A autonomia da pessoa total que o eu pretende representar, a liberdade das arbitragens que acredita exercer, a convicção de sua identidade podem bem ser ilusões, mas não deixam de ser menos vitais – como mostram negativamente as psicoses* em que o eu se mostra esfacelado. Contra a divisão da pessoa psíquica, para o *indivíduo*, ele opera a síntese; ou pelo menos tenta, apesar de seus dilaceramentos, de suas clivagens*. O eu "toma consciência", cultiva a razão, o que não impede que a maior parte de sua atividade, particularmente as defesas que estabeleceu, escape à sua clara apreensão.

O eu é um "ser de fronteiras" (Federn), marca a distância entre o dentro e o fora. Ele é, para a psiquê, o que a pele é para o corpo* (Anzieu), um invólucro que contém, protege; e que excita também. É possível, aliás, que sua forma mais primitiva derive das "sensações corporais, as que nascem na superfície do corpo" (Freud) nas experiências primeiras do tato; sua vida depende do amor (e do ódio) que lhe dedicaram. A sequência é uma longa história de que o eu é o vestígio, o "precipitado", a história das identificações* aos primeiros objetos*.

Como se as coisas já não fossem suficientemente complicadas, ele ainda toma a si mesmo como objeto de amor, ou de ódio; narcisismo* quer dizer isso. E, como nem todos ainda perceberam a que ponto ele é amável, ele sai por aí repetindo: "Eu, eu..."

EU IDEAL

Na megalomania – a de um Ceaucescu, por exemplo, o "Gênio dos Cárpatos", que reescrevia a história da Romênia nela introduzindo elementos de sua própria genealogia, ou a de um Napoleão, tomando a coroa das mãos do papa para se autossagrar imperador –, na megalomania, pois, nada mais distingue o *eu ideal* do *eu*; um recobre o outro com o seu triunfo, totalmente. Mesmo que não nos dediquemos ao culto de nossa própria personalidade, o eu ideal, esse filho de Narciso, apesar de na maioria dos casos permanecer um herói ou um ditador desconhecidos, não deixa de morar secretamente no coração de cada um de nós. Assim como o tempo, o espaço ou a gravidade não limitam sua expansão; esse eu, completamente ocupado com as suas identificações* heroicas, é um isso* que se ignora, seu desejo* está realizado. O sentimento de sua onipotência é "oceânico", à imagem do mais primitivo dos narcisismos. Herdeiro das primeiras formas do eu, as de um eu-prazer puro que não tolera nenhum obstáculo à sua satisfação, pode-se imaginar, contudo, que ele não se fez sozinho. Podemos imaginar uma criança pequena que, quando se olha no espelho-rosto* dos pais, reconhece, se não o "Gênio dos Cárpatos", pelo menos *His Majesty the Baby*.

EXCITAÇÃO, *ver* AUTOEROTISMO, CORPO, MASOQUISMO, ORAL

FALO (PRIMADO DO)

Osíris, Hermes, Dionísio, Príapo... Falo é um deus, ele é adorado. Por que o homem cobre e dissimula "o que ele deveria ornar e expor com pompa, como um oficiante?" (Leonardo da Vinci). "Primado do falo"... a expressão mostra-se quase um pleonasmo: o falo, símbolo de poder, de potência, de fecundidade, não sabe fazer nada além de primar. Exceto que... "Há em toda mulher algo de desnorteado", dizia Lacan – sua bússola não tem ponteiro –, acrescentando: "e em todo homem algo de ridículo". O primado faz o deprimido!

O primado do falo é uma teoria sexual infantil; não mais que qualquer outro fantasma, não faz sentido afirmá-la verdadeira ou falsa – que se julgue inaceitável sua tradução política, é uma outra história. Sobre os méritos heurísticos da teoria em questão, as opiniões se dividem. Por um lado, ela impõe uma lógica binária (ou o temos ou não o temos, A ou não A), cujas virtudes classificatórias já foram bem demonstradas. Por outro, ela assinala "uma deterioração precoce do intelecto infantil" (Freud), uma renúncia à alegre polimorfia, a que multiplica os sexos (boca, ânus, língua, dedo...), para reduzir os possíveis à alternância presença/ausência de Um-Único.

Por trás do orgulho do Primado, vislumbra-se a angústia, a da castração*. É, como escrevia Marcial, porque "não controlamos esse membro como os nossos dedos".

FALSO *SELF* (PERSONALIDADE "COMO SE")

Acontece de a inteligência ser um sintoma como outro qualquer. Se uma mãe responder às expectativas corporais e afetivas do filho de modo imprevisível ou caótico, não restará quase nenhuma outra possibilidade a este último além de se "adaptar" por dois (Winnicott). A inteligência encontra nessas circunstâncias negativas a ocasião de um exercício precoce que permite salvar o que pode ser salvo da saúde psíquica, mesmo que à custa de uma tendência duradoura ao conformismo e de um evitamento de qualquer originalidade. O fascista comum, inventado por Moravia (*O conformista*), é sua ilustração literária.

Devemos à psicanálise a demonstração da continuidade psíquica que vai do normal ao patológico, mas a flecha é reversível, desvendando a patologia na normalidade excessiva. O *self*, essa relação de si para consigo medida pelo sentimento de autenticidade, é por vezes levado a se construir como uma fachada, como imitação e submissão ao mundo que o rodeia. Vive-se "como se" (Hélène Deutsch), uma vida que "finge", a vida de uma personagem sem autor, mantendo à margem o mais importante: os afetos, as emoções. O analista pede que ele "diga tudo o que passa pela cabeça", ele faz o que o analista diz, secretamente instalado no sistema elaborado por outros. Tanta "inteligência" e "faculdade de adaptação" levam facilmente ao êxito social, à custa de a pessoa se sentir tanto mais vazia e factícia quanto mais se amplia a fachada. Até o momento em que o desamparo*, o desamparo de uma "criança" incompreendida, é brutalmente exposto, um desabar que as pessoas à volta não conseguem entender: "Ele tinha tudo para ser feliz e…"

FANTASIA

Ela renunciou definitivamente a tomar o metrô. Essa descida sob a terra tornou-se uma descida aos infernos. Seu corpo no divã* de repente se retesa, de tanto que a angústia* é viva quando ela tenta descrever a imagem que a agride já nos primeiros degraus da escada: um corte de eletricidade faz com que o trem pare entre duas estações e todos os homens do vagão aproveitam da parada e da obscuridade para se jogarem em cima dela...

Pelo fato de ele ser muitas vezes reduzido à forma amável e campestre de uma divagação diurna, empresta-se ao fantasma uma leveza que subestima seu peso de *realidade*. A psicologia comum faz do imaginário uma escapatória, pouco distante da mentira; "isso *não passa* de um fantasma". Contudo, não existe um único sofrimento psíquico, uma única angústia, um único sintoma* que não tenha sua origem em um fantasma cuja face mais inaceitável, mais infantil, permanece na maior parte das vezes inconsciente.

A mãe pode ser das mais gentis e o pai dos mais calmos, o fantasma da criança não os transforma menos em bruxa ou em tirano, em dragão ou em lobo. A fábula da noite, que ela escuta com um misto de terror e de prazer, só seduz a criança porque lhe conta a versão desmesurada de sua própria história, a de sua *realidade psíquica**, se não material. A objetividade, a consideração da realidade são ganhos tardios. O imaginário precede o útil, e não o inverso. Bem antes de uma caixa se tornar simplesmente uma caixa, um objeto que serve para guardar coisas, a "caixa" com a qual a criança brinca é um ventre, um antro de onde o diabo vai surgir.

FEMINILIDADE (SEXUALIDADE FEMININA)

"Eu me entregava empalidecendo e fechando os olhos. Quando ele adormecia, satisfeito e saciado, eu permanecia imóvel e consternada, com os sentidos gelados." Lélia, a frígida, é uma heroína de George Sand; pertence a uma época "paleolítica", o século XIX, em que a mulher descobria a ereção masculina na "noite de núpcias". Os tempos sexuais mudaram, e o que se convencionou chamar de "liberação sexual" tocou primeiramente às mulheres: abandono do tabu da virgindade, distinção da vida sexual e da vida conjugal, dissociação entre sexualidade e procriação... Mas o inconsciente não tem idade, ele ignora o tempo. A variação histórica das práticas sexuais é uma coisa, o enraizamento do sexual no infantil é outra. As mulheres continuam a contar histórias de serpentes com o mesmo horror equívoco de antigamente e a transpor em mal-estares corporais sua angústia* diante da libido. Como a impotência entre os homens, a frigidez não é um sintoma em via de desaparecimento. Não existe tratamento social para a parte inconsciente da vida sexual. As palavras da queixa tampouco mudaram, à imagem dessa mulher na faixa dos trinta anos, ansiosa por estabelecer com um homem uma relação suficientemente profunda para se tornar fecunda, e que teme que "sua liberdade se transforme em errância".

Os tempos "liberados" de hoje colocam ainda mais a nu o que talvez seja a forma primitiva da angústia nas mulheres, a angústia da perda do amor, "deixar de ser amada". Tal angústia tem suas raízes nos primeiros momentos da vida, época em que toda criança pequena está inteiramente à mercê das pessoas que lhe são próximas, em que suas experiências do carinho e da sensualidade são necessariamente passivas. A passividade, de "ser amada" a "ser penetrada", bem poderia constituir o elo inconsciente que une os tempos primitivos às experiências mais tardias. O medo, quase genérico entre as mulheres, de que um ladrão, um violador, se introduza à noite em casa, resume em um afeto e uma representação uma longa e antiga história.

FETICHISMO

O fetiche conservou de sua etimologia (*feitiço*, "artifício, sortilégio") um resto de magia: a mulher não tem pênis... mas tem cinta-liga, casaco de pele, calcinha de seda! A perna vestida com uma meia rendada, ou o pé com um salto alto permitem ao homem ignorar o que, aliás, ele sabe desde sempre: que à mulher, e sobretudo à primeira delas, à mãe, falta o "essencial". O eu é clivado, a mão esquerda aceita o que a mão direita rejeita (denega) com o maior vigor. A paixão do fetichista é inversamente proporcional ao horror que a castração* lhe inspira. Perversão* em alguns – se não há fetiche, não há relação sexual! –, certo fetichismo discreto não está longe de pertencer, contudo, à parte mais comum da sexualidade masculina. Discreto, mas bem real em seus efeitos: a indústria de *lingerie* feminina lhe deve uma parte apreciável de seus lucros. A última roupa protege da percepção e preserva a surpresa.

FILHO MORTO (O)

"Sou um filho substituto." Seu primeiro nome traz o traço deformado do nome daquele a quem ele "deve" o fato de ter nascido. "Os nomes das crianças as tornam a encarnação dos ancestrais", escreveu Freud, pensando naquilo que, por exemplo, se transmite de um avô a um neto. Mas essa filiação respeita a ordem das gerações, sua sucessão na vida e na morte. O "filho morto", seu fantasma*, enquistado na psiquê dos pais é, ao contrário, para sempre uma criança, uma eterna criança, insubstituível; e, principalmente, não substituível pelos filhos substitutos. "Hoje, ele teria 45 anos." A imagem não é a de um adulto na maturidade, mas a da criança da foto, devotamente conservada, do quarto cheio de brinquedos, nos quais é proibido tocar. Ele não adquiriu nenhuma ruga, a morte não lhe diz respeito; é um rival inacessível, impossível de matar, mesmo em pensamento. A flecha do tempo perde ali sua bússola, o futuro era ontem.

O eco do "filho morto" é às vezes mais longínquo, quase imperceptível, mais adivinhado do que descoberto. É preciso remontar à geração precedente, ou ainda mais para trás. Ele acompanha o mais das vezes a linhagem feminina, arrastando sua sombra depressiva de mãe para filha.

FOBIAS

Escuro, ar livre, gatos, aranhas, taturanas, cobras, ratos, tempestade, facas, sangue, espaços fechados, a multidão, o vazio, travessia de pontes ou túneis, metrô, barco, viagens pelo mar, avião... O inventário das fobias é um amontoado de coisas disparatadas. E só listamos aqui as fobias *típicas*, facilmente partilhadas. Uma das mais recentes, a do túnel sob o canal da Mancha, forma um verdadeiro clube. Temos que admitir que ela reúne tudo: "A viagem ao centro da terra", "Vinte mil léguas submarinas", um longo túnel, a ameaça do escuro, homens no vagão, um trem lançado em alta velocidade... Acrescentemos a esses medos comuns, os achados pessoais: o cavalo do pequeno Hans (Freud), o galo do pequeno Arpad (Ferenczi) e – por que não? – os pronomes relativos de Flaubert, todos aqueles *que* evitados graças ao particípio presente... *Fobos*, a palavra não significa apenas a fuga, o medo; evoca igualmente a ideia de um pânico, de uma desordem. Um pouco de realidade – acontece de os aviões caírem e de as cobras picarem – permite muitas vezes à fobia não aparecer como tal... mas nem sempre, quando a fobia de insetos obriga a vender a casa de campo, cheia dos prazeres de antigamente.

A fobia é uma "criancice", mas a criança pequena, ao contrário, não conhece o medo; corre para a beira da água, sobe no parapeito da janela, brinca com fogo ou com faca... Impossível fundar a fobia na natureza, é preciso que o *infantil*, o inconsciente se imiscua nisso. Antes de ser uma "doença", a fobia é uma solução, ela permite deslocar o conflito*, localizar a angústia*, dar-lhe uma "razão". Como todo sintoma*, a fobia, mesmo típica, nunca é suscetível de uma tradução unívoca. Existem metrôs histéricos, em que os homens são como animais, outros, enterrados e melancólicos, circulam no país dos mortos, atravessando o Sena como outros o Styx.

FREUD (1856-1939)

Viena, Bergasse número 19... a rua é tranquila, o prédio é tradicional. O apartamento é no primeiro andar. Subir as escadas, colocar os próprios passos sobre os passos de Abraham, de Ferenczi, de Stefan Zweig, mas também de Dora, de Ernst, o Homem dos ratos, ou de Serguei, o Homem dos lobos, é para o psicanalista de hoje um momento estranho; sem dúvida tanto quanto foi para o "pequeno Hans", no dia em que ele foi visitar o "Professor". Atravessada a porta, a ilusão persiste um instante, o tempo de penetrar na sala de espera, conservada como era. Mas podemos esperar durante muito tempo... ELES o esvaziaram, ELES despejaram Freud. O apartamento está nu, o museu conserva o nada. Para ver o resto, divã e testemunhos arqueológicos de civilizações desaparecidas, a infância da humanidade – Freud não colecionava apenas sonhos –, temos que seguir o caminho do exílio e fazer a viagem a Londres (em que Freud morre em 23 de setembro de 1939) até Maresfield Gardens 20.

ELES também jogaram fora a psicanálise e queimaram seus livros. A psicanálise partilha com a arte "degenerada" a honra de ter sido insuportável para todos os totalitarismos, qualquer que fosse sua natureza – nem a psiquiatria nem as diferentes psicoterapias do comportamento podem dizer o mesmo. A liberdade deve ter alguma participação nisso.

FRIGIDEZ, *ver* INVEJA DO PÊNIS, FEMINILIDADE

FUSÃO (SIMBIOSE)

Uma das características da psicanálise dos pacientes *borderline** é a forma que a transferência* assume nesse caso, a de uma regressão* a estados de dependência, às vezes extremos. Que traumas precoces procuram assim se repetir, o que faltou à criança que lhe é preciso (re)encontrar? Essa pergunta leva Winnicott à hipótese de uma "preocupação materna primária". A ideia é de uma "loucura normal", um tempo psíquico que ligaria os últimos instantes da gravidez e o início da vida, amenizando a cesura do parto, tempo durante o qual a mãe se identificaria sem descontinuidade com o filho. Identificação* absolutamente sensorial, que lhe permite esposar com justeza os movimentos psíquicos e somáticos da criança. A aspiração fusional do paciente "limítrofe", sua angústia* de abandono, sua depressão* sempre à espreita, assinalam as falhas, a inexistência desse primeiro tempo. Por não termos nos beneficiado de uma loucura "normal", inventamos uma loucura privada, inclusive na sessão de análise. Paradoxo da transferência que busca na "preocupação" do analista a repetição *daquilo que nunca aconteceu*.

As angústias que solicitam seu apaziguamento em relações fusionais manifestam mais um narcisismo* inacabado que ferido. O recém-nascido não está mais como o ovo isolado e protegido por sua casca; está, ao contrário, imediatamente aberto e voltado para a resposta do ser próximo à sua expectativa. Na situação em que a fêmea mamífero segue o seu programa instintivo, a mãe contenta-se com o que ela é, incluindo o inconsciente. Sua adequação é na maioria das vezes "suficientemente boa' (*good enough*), outras vezes caótica, imprevisível ou inexistente, por falta de investimento ou, inversamente, por excesso de cuidados. A vida não começa na *simbiose*, esta é mais o fantasma* de uma mãe temível, que não se deseja a ninguém: a "mãe perfeita".

HISTERIA

A histeria tem sua caricatura, a de uma mulher paralisada, dando um grito estridente de horror diante da serpente que de repente acaba de ver. Como toda caricatura, também essa não deixa de ser verdadeira, de tanto que ressalta a conjunção do fascínio e da repulsa, do desejo* e da defesa. O sintoma* é sua consequência lógica, não sendo a fobia atemporal de serpentes, de todos os sintomas histéricos, o mais estorvante.

A histeria desapareceu do DSM, o manual internacional do psiquiatra. No país ultra-Atlântico do "politicamente correto", ela não é, hoje, nada além de um insulto misógino. Talvez seja melhor ler Hipócrates ou Galeano (o médico de Pérgamo do século II): nem um nem outro ignoravam o *excesso* do sexual, sua propensão a confundir em uma mesma desordem a alma e o corpo, sejamos mulher ou homem... Devemos a Galeano, sem que fosse preciso esperar Freud, o fato de ter entendido que a histeria, apesar da etimologia (*hustera*, "útero"), é igualmente masculina. Um dos traços da histeria masculina é precisamente se desvencilhar do *excesso* transformando-o em um atributo exclusivo da feminilidade: "Mulher, tu és a porta do diabo!" (Tertuliano)

Por ninguém melhor que ela "saber" que o corpo inteiro só pede para se transformar em uma zona erógena (e, assim, conflituosa), que o fantasma* tem sua origem na pulsão* (seu "teatro privado" é inigualável), e que não desejamos nada mais fortemente do que aquilo que recalcamos, só a histeria podia permitir que a psicanálise se inventasse.

HOLDING, ver APEGO

HOMOSSEXUALIDADES

Homosexuality... a palavra conhece sua primeira emergência na Inglaterra vitoriana, a de Oscar Wilde. A psicanálise a retomou por sua conta – enquanto "heterossexualidade", psicanaliticamente, não tem nenhuma serventia –, o que não tem apenas vantagens, pois a palavra unifica o que não é uno. Não apenas porque as homossexualidades masculina e feminina não são simples paralelos, mas porque no seio de cada uma delas a diversidade supera a homogeneidade. A unidade, ou até mesmo a "comunidade", é mais social que psíquica.

Que o objeto sexual seja do mesmo ou do outro sexo, sua escolha resulta de uma psicogênese, essencialmente inconsciente, inseparável da história de cada um. *Homos*, a palavra ressalta o "mesmo", às vezes com razão, quando o objeto é mais um duplo que um "outro". Eventualmente, o duplo da criança, do menino que se foi, aquele que a mãe amou tanto, e que é hoje amado na imagem do efebo, imagem que projetam os "ragazzi" de Caravaggio, seu *Tocador de alaúde*. Mas trata-se apenas de um caminho psíquico entre tantos outros possíveis. A primeira identificação sexual é aquela de que somos objeto: quando o pai ou a mãe não renunciam ao desejo deles, apesar da anatomia da criança que acaba de nascer desmentir a expectativa do fantasma, o sexo psíquico, infligido pelo inconsciente do adulto como uma marca, sempre prevalecerá sobre o sexo real. A rapazinha amará as meninas, o efeminado amará os homens. O *outro* sexo não está ausente da homossexualidade. Às vezes no negativo, quando é o horror a ele que desempenha um papel determinante na escolha sexual. "A vagina?", diz este homem, "um poço sem fundo, vermelho, viscoso, um buraco fundo que jamais um pênis poderá preencher." Esse ódio ao outro sexo não está ausente de algumas homossexualidades femininas, quando o falo, identificado a um instrumento sádico, proíbe toda prática de penetração e condena o erotismo a percorrer a superfície da pele. Mais uma vez, nada pode ser generalizado, sendo o pênis artificial o instrumento indispensável daquela que está convencida tanto do primado do falo quanto de sua posse imaginária.

Uma constante, talvez, a escolha "homossexual" nunca se efetua em simples linha direta: do amor da criança pelo pai do mesmo sexo ao objeto eleito ulteriormente. As identificações* se cruzam, embaralham as pistas. Um desequilíbrio, apesar de tudo: a mãe, mais frequentemente que o pai, é o parceiro infantil das homossexualidades futuras, sejam elas masculina ou feminina. É assim que ela se revê, menininha na cama de sua mãe, os dois corpos enrolados em conchinha, suas costas contra o ventre materno e sua respiração esposando de modo idêntico o ritmo daquela que dorme.

HUMOR

A partir do francês *humeur*, os ingleses inventaram *humour*. De um resmungão fizeram um homem de espírito. A criação da palavra é conforme ao próprio movimento da coisa, o humor é o deslocamento libertador que permite transformar uma circunstância desagradável em um flagrante de prazer, uma consternação em um instante de triunfo. Penetrando, no alvorecer de uma segunda-feira, no pátio da prisão em que se erige o cadafalso que o espera, o condenado à morte tem o seguinte pensamento: "A semana está começando mal!" Mesmo a vitória sendo breve, o humor oferece um momento de invulnerabilidade. Recorrendo a um mínimo de meios – uma palavra *deslocada*, dois significados *condensados*... –, ele constitui um notável tratamento psíquico para uma situação traumática. A ironia fere, o humor trata. É como se o supereu*, em geral tão desmancha-prazeres, se tornasse, por uma vez, bom conselheiro: "Para o que você não pode mudar, rir é o melhor remédio." O *senso* de humor é um sexto sentido precioso, que dispensa de recorrer a defesas mais onerosas; toda psicanálise em que ele não está presente permite que se faça essa verificação de forma negativa.

Quanto ao humor do inconsciente, trata-se de um humor negro, suas brincadeiras de mau gosto sempre terminam em entraves e sintomas* diversos. Exceto quando o recalque* finalmente é suspenso, e o rosto* se ilumina em vez de tornar-se sombrio. Mateus conta: ele não passava de um rapazinho quando entrou em uma livraria para comprar uma *Playboy*. Sua vergonha tornava-se ainda maior diante da máscara severa da matrona da caixa e seu coque negro, que ela portava como um bispo sua mitra. Ele não podia sair *sem pagar*. Depois de dar voltas e mais voltas entre as estantes, recolocou as mulheres nuas no lugar e apresentou-se diante do Cérbero com o *Canard enchaîné*![1]

IDEAL DO EU, *ver* **SUPEREU**

IDENTIDADE, *ver* **BISSEXUALIDADE, ENQUADRE, INDIFERENÇA, EU, NARCISISMO**

IDENTIFICAÇÃO (INCORPORAÇÃO)

Antes de a psicanálise apoderar-se desse conceito, a identificação já pertencia a uma psicologia comum. Qualquer observador um pouco atento é capaz de notar, ao menos nos outros, o que se tomou emprestado da mãe, do pai, do líder, do amigo... do detalhe no modo de se vestir ao traço de caráter, passando pelo tique de linguagem. "Quanto mais o tempo passa, mais você se parece com sua mãe!" A interpretação é ainda mais bruta por acertar o alvo. As próprias patologias de identificação, quando o semelhante sucumbe ao idêntico, pertencem ao domínio público, à imagem dos "sósias" de Elvis Pres-

....

1. Famoso jornal satírico francês, *Le Canard enchaîné* significa "O pato acorrentado". (N. da T.)

ley que se reúnem todos os anos para comemorar o aniversário do "King".

A psicanálise não se contenta em sublinhar a dimensão inconsciente do processo, que diz particularmente respeito às primeiras identificações, que são as mais profundas, as mais imutáveis; ela sustenta que o eu é feito única e exclusivamente disso. *"Eu" não é apenas um outro, mas vários.* O eu se constrói por identificação através das primeiras relações interpsíquicas com os próximos. Identificação não é simples imitação, a internalização é ao mesmo tempo uma transformação, uma apropriação. Por que meio? O bebê anoréxico, que recusa com todas as forças o que querem lhe fazer engolir, indica, em negativo, que o movimento psíquico da identificação não é inicialmente distinto dos processos somáticos de ingestão. O que um recusa, o outro (o bebê satisfeito) pega: "Eu sou o seio" (logo, *sou*). A identificação é em primeiro lugar uma *incorporação*, e essa é o protótipo de todas as interiorizações ulteriores. Tornar nosso o que é bom, o que amamos. *Ser* o que desejamos, na falta de *tê-lo*. A identificação é um resto de amor.

IMPOTÊNCIA, *ver* CASTRAÇÃO

INCESTO (DESEJO DE)

"Não devemos nos acasalar com aqueles que comem conosco na mesma tigela e no mesmo prato." Apesar de os Na da China, nos confins do Himalaia, terem negligenciado as imposições do casamento e se concedido uma generosa liberdade sexual, eles não deixaram de ser, diante do incesto, de uma intransigência que nada deixa a dever às sociedades mais policiadas. A proibição do incesto pode variar em suas aplicações, mas constitui um fato de cultura universal. Somente cultural? A etologia descobriu que os primatas, nossos irmãos, sobretudo os bonobos, evitavam cuidadosamente o coito com alguns de seus congêneres aparentados. Mas esse evitamento é firme, fiel ao mandamento da espécie, enquanto o homem, ao contrário, transgride: no fantasma* (desejar é fazer) e na realidade. A sequência incestuosa comporta o desejo, a proibição, a transgressão, eventualmente a culpa* (geralmente ausente nos casos de passagem ao ato perversa) e o castigo. Incesto rima com funesto (Racine, *Fedra*), *incestum* com "sacrilégio". Os Antigos e os "Primitivos" sempre suspeitaram de sua presença por trás das catástrofes coletivas e individuais: fome, seca, doença, nascimento monstruoso...

O incesto do antropólogo diz respeito a adultos aos quais certos casamentos são proibidos, e que são levados, por isso mesmo, à exogamia. O incesto do psicanalista é um *desejo* incestuoso, diz respeito à sexualidade infantil*, aos primeiros amores transbordantes de posse, à imagem do menino evocado por Ferenczi, o pequeno Arpad, que assim dizia à sua vizinha: "Eu me casarei com você, com você e com a sua irmã, e com as minhas três primas e com a cozinheira... Não, com a cozinheira não, com a minha mãe é melhor." Se não for Uma, serão todas. O incesto atuante do perverso não quer saber das diferenças*, ele mistura tudo, particularmente as gerações, às vezes os sexos; conhece única e exclusivamente a lei que ele próprio edita: "Por que seria proibido amar demais os indivíduos que a natureza nos intima a amar melhor?" (Sade)

INCONSCIENTE, *ver* ISSO

INCORPORAÇÃO, *ver* CANIBALESCO, IDENTIFICAÇÃO, ORAL

INDIFERENÇA

"A vida é preferível, com suas feridas e dores, a esta morte do coração que se chama indiferença" (Balzac).

Ser amado, ser odiado, uma ou outra dessas posições funda o sentimento de existir. A fragilidade psíquica do ser, até o oscilar da identidade, resulta mais da indiferença. Difícil de *ser*, por não ter sido investido. *Ser* é uma abreviação de "ser-amado" ou "ser-odiado".

A indiferença só é sentida por aquele que a sofre; ela não é nada, um não afeto, para aquele de quem "emana" (um pai ou uma mãe melancólicos?). A surpresa se torna cada vez maior, ela se renova a cada encontro clínico: nada cria mais vínculos, retém, mobiliza, *captura* que o não investimento de que fomos (paradoxalmente) o "objeto"! O *nada* dos pais é *tudo* para a criança. A ponto de ficarmos toda uma vida suspensos a lábios que não nos falam, *exatamente porque* não nos falam. Até elegermos como "companheiro" alguém para o qual não existimos.

Quando Emília vai ao canil para escolher um bicho, escolhe o mais sozinho, o mais feio, aquele para quem ninguém olha e que ninguém nem mesmo vê... e que nunca ninguém desejará. E porque ele se perde muito depressa, ou morre atropelado, ela volta para buscar o seu duplo.

INTERPRETAÇÃO

Seu sonho* perturbou-a sem que ela soubesse dizer o porquê, nada que não fosse inocente, ao que parece, na imagem do pátio de escola em que meninos e meninas se perseguem, em que ela não hesita em brigar para defender seu território... As associações levam-na às brincadeiras da infância, o prazer da "batalha" com o pai. Ela fica preocupada, com uma ponta de angústia; ela tem certeza absoluta, seu "adorável papai" nunca teve um gesto... muito amor partilhado, claro, mas nada que...

– (*O analista*) O que não impede de sonhar...

A interpretação é o único ato que cabe ao psicanalista cometer. Entre os dois campos, de um lado o desejo* (inconsciente), do outro a defesa ou a resistência*, ela sempre escolhe o primeiro. Uma palavra é uma mãozinha, para que aquilo que busca uma saída, uma expressão, possa se manifestar.

Quando a interpretação se aproxima muito da explicação, ela se perde. Com seu gosto pelo equívoco, pelo enigma, o chiste visa antes de tudo a manter aberto o sentido a vir. O psicanalista não *sabe* – exceto se pretender não *ouvir* mais nada –, no máximo ele adivinha. Apenas as associações consequentes do analisando validam ou não a interpretação proposta, e é sempre o indício de uma verdadeira dinâmica quando o pensamento segue um curso nem mesmo cogitado pelo analista. Tal fala "brilhante" passa despercebida, enquanto uma fala "insignificante", que o intérprete poderia ter guardado para si, produz um efeito transtornador.

Para aquele ao qual se dirige, a interpretação diz que suas palavras carregam um sentido para ele ignorado, ela "manifesta o estranho no coração do íntimo" (Fédida). Seu ato é "objetivamente" persecutório e, de certa forma, transgressivo – ela diz o que não se diz. E o seria ainda mais se fossem respeitadas as condições de sua enunciação. Uma interpretação que não é proferida no momento oportuno não passa de um ataque selvagem que fere, a menos que permaneça inaudível; e, ao mesmo tempo, o fato de ter sido pronunciada antes da hora aniquila a própria interpretação.

A psicanálise não detém o monopólio da interpretação: em que consiste sua originalidade? Em uma experiência de que nem o filósofo da hermenêutica, nem o historiador, nem o crítico de arte... dispõem, *a presença da transferência**. Das palavras da interpretação, a força da transferência faz um *ato*, um gesto que é como a continuação de um sonho.

INVEJA DO PÊNIS (MULHER CASTRADA, CASTRADORA, FÁLICA)

A inveja do pênis tem sua imagem prototípica, a de uma menininha que, *ela também*, quer urinar de pé... primeiro gesto político de uma igualdade reivindicada entre os sexos, o poder pertence àqueles que se erguem, não àqueles que se abaixam.

A feminilidade* primitiva da menina já está há muito tempo constituída quando lhe vem a vontade de dispor das vantagens de um sexo visível e controlável, um fora que se pode mostrar e que em certas ocasiões (quando o irmãozinho fica bancando o machão) faz o orgulho "imbecil" dos pais. A inveja do pênis na menina não é separável da angústia* diante de seu próprio sexo, interior invisível e enigmático. O pênis é uma evidência; a vagina, uma desconhecida. O primeiro abunda em apelidos, a segunda é inominável. O infantil só nomeia aquilo que vê.

Mais do que a inveja do pênis em si mesma, são seus destinos que importam. O mais dinâmico dentre eles consiste em passar a outra coisa, em transformar a inveja (a inveja é "invejosa", a *invidia* é maldosa) em desejo: do próprio pênis (ser penetrada por ele, e não simplesmente *tê-lo*), do pai, do homem, do filho, da obra criada... Mas existem outros destinos, que carregam mais a marca da fixação que da transformação. O primeiro deixa a mulher castrada, eventualmente até a frigidez. Ela *não o possui*, então ela não tem nada. Nos discursos das mulheres, isso aparece frequentemente em falas que depreciam todos os empreendimentos (inclusive amorosos), todas as produções: "Eu não presto para nada, eu nunca vou conseguir."

O outro destino é inverso, não mais "castrada", mas "castradora": ela *não o possui*, mas *o possuirá*, basta castrar o homem... grupo de mulheres à beira da piscina olhando passar o professor de natação: "O castelo não é nada mal, mas a torre está meio caída." A menos que ela faça com que o homem que ela deseja entenda que, do pênis, ele nunca será mais do que o apêndice!

O terceiro destino se conjuga no presente e na forma afirmativa: ela *o possui*... "ele" e seus atributos, particularmente o poder. A mulher fálica é uma "Dama de ferro"; por ter esquecido isso, os generais argentinos perderam seu cetro e suas Malvinas.

O pior destino, talvez, é quando a inveja do pênis forja o caráter... Por trás da mulher amarga, sempre vítima, jamais satisfeita, vislumbra-se a menininha *lesada*. Os homens ("todos iguais", tradução: todos eles têm *um igual*) são o primeiro objeto da vindita, mas, na sombra, a análise deixa entrever uma mãe odiada por não ter dado a única coisa que valia a pena.

IRMÃO, IRMÃ

"O corpo de seu irmão apertava-se tão carinhosamente, com tanta bondade contra ela, que ela se sentia repousar nele, como ele nela" (Musil). Por constituírem um primeiro *deslocamento* com relação aos objetos* primários, mãe e pai, as relações irmãos, irmãs ou irmão e irmã manifestam às vezes em toda simplicidade o amor ou o ódio, e os fantasmas subjacentes, incesto* e assassinato. "Já é meu irmão, se além disso eu ainda tivesse que gostar dele..."

As vidas adultas conservam os vestígios dessas paixões de infância, no evitar um beijo, por exemplo: Léa só pode beijar de leve um irmão tão amado, Helen desvia o rosto quando aquele que foi seu implacável tirano se aproxima.

O laço fraterno encontra na coisa social (*socius*, "o companheiro") uma derivação "natural". O irmão, por ser simbólico, não deixa de constituir um objeto de paixão, quando a cena histórica é dominada pela violência pulsional. *Fraternidade ou morte!* A Revolução francesa abusou largamente da divisa e de seu dilema. O sentido primeiro e manifesto é *ideal*, aceitarmos morrer para a vida pessoal, submetermo-nos a uma finalidade em que a essência do homem se realiza. Em um sentido segundo, sublinhado por Chamfort, a fórmula se transforma em um: "Seja meu irmão ou matarei você!" A Gironda perdeu a cabeça. Porém, em um terceiro sentido, mais inconsciente, é entre irmãos "para a vida e para a morte" que a lâmina da guilhotina passa, no dilaceramento. Especialmente no auge do Terror, quando Robespierre e Saint-Just enviam Danton e Camille, particularmente Camille (Desmoulins) à guilhotina. "Seja meu irmão *e matarei você...*"

ISSO (ID, INCONSCIENTE)

"Eu é um outro" (Rimbaud). O poeta tem a intuição, o psicanalista forja a hipótese: não há nada que conte em uma vida de homem, no prazer ou no sofrimento, não há nada de intenso, seja na paixão, seja na detestação, que não se origine em um lugar de Psiquê que escapa às luzes da consciência. O confronto das pessoas psíquicas é às vezes visível, quando o eu* do sonhador, em pleno sonho, assaltado por imagens aterrorizantes vindas não se sabe de onde, procura em vão se persuadir: "É só um sonho", antes de se resolver a acordar logo para escapar definitivamente à efração noturna do Desconhecido.

"*Isso* foi mais forte que eu, *isso* me escapou, *isso* me veio de repente..." O ato falho*, o sonho*, o sintoma* não são os únicos a assinalar a presença dessa *outra* "pessoa" que é o inconsciente, mas também todos os momentos da vida em que a consciência e a razão sentem-se engolfadas do interior por algo mais forte que elas. Não há uma só escolha, quer ela diga respeito ao amor*, à profissão que gostaríamos de exercer, à obra de arte que nos comove, que não tenha suas raízes nas experiências marcantes da infância. "O inconsciente é o infantil" (Freud); não toda a infância, mas os traços escondidos e insistentes desta que nada, nunca, poderá apagar. O inconsciente ignora tanto o tempo quanto a contradição (o amor e o ódio* dirigem-se à mesma pessoa) e zomba da realidade. A experiência psicanalítica impõe a hipótese de sua existência sustentando ao mesmo tempo, paradoxalmente, o seu caráter inapreensível, exceto por meio de seus rebentos. O inconsciente é como uma "coisa" *em si*; dessa vez, é à intuição do filósofo (Kant) que a psicanálise dá corpo.

Do inconsciente ao *isso*, não é apenas o nome que muda, mas também o tom, mais sombrio, e a imagem, mais caótica. *Isso*... a alteridade do inconsciente se faz mais anônima, para além dos desejos recalcados que buscam uma saída e tentam realizar-se, que querem *viver*, pressente-se uma potência contrária, destruidora do próprio desejo, fascinada pelo nada, uma pulsão de morte*.

LEMBRANÇA ENCOBRIDORA

"Todas as nossas lembranças, particularmente as que nos são mais caras, aquelas que sustentamos com mais afinco, sejam elas de felicidade ou de sofrimento, feridas ou maravilhas, quer suscitem nossa saudade ou nossa amargura – nós só as sustentamos porque elas nos sustentam e garantem nosso sentimento de continuidade e de identidade pessoal –, são todas encobridoras. Não por esconderem outras, anteriores, mas porque em seu estatuto de pequena cena, de quadro que suscita a evocação, elas contêm e dissimulam, servem para encobrir e para guardar preciosamente alguns *vestígios*" (Pontalis). O azul de um vestido, o cheiro de uma comida, um pedacinho de muro amarelo... tantos detalhes sensíveis, tão vivazes quanto "insignificantes", que condensam à nossa revelia o essencial de uma infância, como um detalhe no quadro de um mestre pode constituir sua mais íntima assinatura. A lembrança encobridora esconde o que mostra, à imagem do recalcado* que é, de nossa memória, a parte ao mesmo tempo mais inacessível e mais viva. Nossas lembranças são menos *de* infância que *sobre* a infância, nelas o fantasma* se mistura com os indícios de realidade, "elas se *formaram* por toda uma série de motivos, a verdade histórica sendo o que menos interessa" (Freud).

LIBIDO, *ver* LUTO, NARCISISMO, PLASTICIDADE DA LIBIDO, SUBLIMAÇÃO

LINGUAGEM

Durante muito tempo, foi impossível a Luciano dizer a palavra *ovo*, como se a diferença entre a palavra e a coisa fosse pequena demais. Parecia-lhe que, ao pronunciá-la, nada mais distinguiria o desenho de sua boca de um "cu de galinha".

A língua não é simplesmente *natural* (herdada do grupo social a que se pertence) e *materna* (ensinada ao *infans* pelos seus próximos), ela é também *singular*, através do modo como cada um se inscreve, habita, compõe seu dialeto na língua transmitida. Tiques de linguagem, erros recorrentes de sintaxe, confusões fonéticas ou semânticas, linguagem *culta* ou *grosseira*, palavras evitadas ou preferidas, prazer de (se escutar) falar ou fechamento daquele que é calado... todos sem exceção desenham na língua comum, sem o saber, seu mapa pessoal; à imagem de Luciano e de sua angústia-desejo diante da ideia (ao fantasma*) de ocupar na cena sexual a posição feminina.

A comunidade de língua natural entre os dois protagonistas da situação psicanalítica é, para a dinâmica do tratamento, uma primeira armadilha, criando a ilusão de um partilhamento, de uma comunicação, de uma simetria. "Falar a mesma língua" é uma maneira de acreditar no entendimento implícito. Inversamente, não é raro que atender um paciente cuja língua materna é *estrangeira* se revele mais rico de aberturas que de restrições. É como se o inconsciente, sua "estranheza", aproveitasse do jogo entre os idiomas para operar seus próprios *deslocamentos*. Jenny tem um sonho de angústia em que se vê prestes a cair "em uma rede". "Rede" ou *red*? Volta-lhe o terror de infância à hora em que o pai voltava do *pub*, a previsível explosão de cólera, o rosto que se tornava bruscamente "vermelho"...

A linguagem não é apenas o instrumento da cura pela palavra (*talking cure*), é também seu primeiro material.

LUTO (TRABALHO DO)

"Trabalho do luto"... Como sempre, o sucesso de uma expressão se paga com uma perda de sentido. A psicanálise rende-se, primeiro, à evidência: o luto é dor, um voltar-se para si mesmo, desinvestimento do mundo exterior... Mas a noção de *trabalho* acrescenta-lhe uma parte mais dificilmente aceita, violenta, a de uma obra de desligamento, de desapego. Desfazer-se do morto, ou até mesmo "matá-lo uma segunda vez" desatando um a um os pontos de amarração ao objeto. As lembranças insistem, os sonhos* fazem reviver os mortos, mas é para melhor esquecer. Até que a libido, novamente livre, possa voltar a amar. Secretamente, a vertente hostil da ambivalência* dá uma mãozinha. Ao pensar no excelente dia que acaba de viver, Pedro é brutalmente assaltado por um sentimento de culpa: não faz nem um mês que seu pai morreu e já...

Por que esse trabalho de desapego é tão doloroso, por que a libido se agarra ao objeto desaparecido, mesmo quando o substituto está disponível? "Isso, nós não entendemos", escreve Freud. Melanie Klein tem a resposta. A perda de uma pessoa querida, seja qual for a idade em que isso ocorra, é sempre um segundo momento, um trauma segundo, o reviver de uma experiência precoce. O objeto de amor é um objeto perdido, o que marca a generalidade da posição depressiva. Todo luto, mesmo que seja o primeiro a ser vivido, é a repetição, mas também a retomada, a transformação de uma morte e de um sofrimento ignorados.

MÃE (O MATERNAL)

Mater certissima... se ao menos fosse verdade! No melhor dos casos, ela é *good enough*, suficientemente boa. No pior, hesitamos entre: imprevisível, indiferente, intrusiva, possessiva, excessiva e... perfeita! A experiência psicanalítica traça tantas silhuetas de mães quanto a vida é singular. Três figuras, contudo, se destacam nessa diversidade. Como contraponto da regressão* dos pacientes *borderline**, Winnicott constrói a imagem de um *maternal* mais do que de uma mãe, cuja permanência, fiabilidade – e não, principalmente, a "perfeição" – permite ao bebê adquirir a continuidade de ser, o *sense of being*, que lhe permitirá enfrentar broncas e furores sem ver-se destruído. Mas, quando esse "materno" falha e a terra lhe foge aos pés, a angústia se torna "impensável".

A mãe freudiana assemelha-se à do "pequeno Hans", não a mãe de um bebê, mas de uma criança provida daquilo de que ela tem tanta inveja*, um menino. Ela o embala, beija-o, acaricia-o, "toma-o muito claramente como substituto de um verdadeiro objeto sexual" (Freud). Ela ficaria assustada se soubesse o que faz, mas seu próprio recalque a protege. Aliás, ela estaria errada em se preocupar: agindo assim, "ela ensina o menino a amar", "dota-o de uma necessidade sexual enérgica" e de uma vida pulsional sem a qual nada de grande pode ser realizado.

Caberia a Melanie Klein, "a genial tripeira da psicanálise" (Lacan), imaginar a mais aterrorizante de todas. A mãe kleiniana é exatamente como a madrasta da Branca de Neve, oferece o mesmo tipo de seio, em forma de maçã – como em Eva, vocês se lembram, não? É o fantasma* da criança, se não o conto, que traça-lhe o perfil. Para adivinhar o que o anjinho tem na cabeça, basta olhá-lo brincar, observando particularmente o modo como trata e maltrata seu bichinho de pelúcia preferido. Alternativamente mimado-jogado fora, rasgado-consertado, despedaçado-remontado, lacerado-recosturado... a mãe é também tão absolutamente boa quanto má. A madrasta kleiniana alimenta em seu seio uma piranha.

MÃE/FILHA

A mãe freudiana não tem apenas um filho, tem também uma filha. Mas trata-se exatamente da mesma mãe*? O feminino opõe à psicanálise uma espessura de enigma que o masculino não tem, à imagem de seus respectivos sexos, secreto em um caso, visível no outro. Enquanto os amores edipianos do menino prolongam a relação primitiva com a mãe, a menina deve operar uma mudança de objeto* (da mãe para o pai) que embaralha definitivamente as cartas e a esperança de simetria. O enigma do feminino é inseparável desse primeiro momento entre mãe e filha, tão perdido e difícil de discernir quanto a sombra das civilizações de Minos e Micenas por trás do brilho de Atenas, tão complicado de penetrar quanto o *dark continent* – metáfora que Freud toma a Stanley, primeiro explorador de uma selva africana, tão selvagem quanto obscura. Entre mãe e filho, o sexo instaura desde o nascimento uma diferença. Ao passo que, da mãe à filha, o mesmo engendra o mesmo em uma "acumulação do idêntico" (Françoise Héritier) que ameaça transformar a gestação em uma simples *reprodução*; muitas esterilidades psicogênicas originam-se desse temor de indiferenciação. A necessidade, em certas mulheres adultas, de recorrer, para dormir, a um pedaço de tecido com o qual acariciam o rosto (o "paninho"), portador dos cheiros e do toque da primeira infância, é o vestígio de uma separação incompleta, de um tempo primeiro sob o signo da confusão, inclusive das satisfações. O "pele com pele" do erotismo homossexual* é outro testemunho disso.

Da mais profunda das cumplicidades à paixão do ódio, as relações entre mãe e filha variam ao sabor da vida; nenhuma, contudo, que não traga o vestígio desse laço primitivo, "civilização" arcaica "encanecida pelos anos".

MASOQUISMO (SADISMO)

Submissão servil, humilhação, castigo corporal... os cenários inventados por Sacher Masoch fizeram com que, durante muito tempo, a imagem do masoquismo perverso se restringisse aos jogos daquele que quer ser tratado como uma criança má, impaciente de degustar as "delícias das palmadas". O encontro do psicanalista (M'Uzan, Stoller) com alguns grandes masoquistas modificou profundamente a paisagem: tatuado, surrado, queimado, martirizado, mutilado... a violência física pode ser levada até o insuportável, *exceto para aquele que a sofre*. "O masoquista? Uma vítima que não larga a sua presa" (Pontalis). Pelo fato de o sadismo – sentir prazer na dor infligida ao outro – prolongar a agressividade e a pulsão de dominação*, ele parece não encerrar grandes mistérios. Mas como se poderia chamar o fato de fruir da dor a ponto de ameaçar a conservação da própria vida? Não há explicação simples, mas Stoller nota a experiência recorrente, na infância desses "grandes masoquistas", de tratamentos médicos tão prolongados quanto violentos, que fazem surgir as encenações perversas ulteriores como a erotização de um traumatismo, a transformação da dor em dor *deleitosa*. Não há nada que aconteça ao corpo* que não seja suscetível de engendrar uma excitação libidinal, nem mesmo o pior dos sofrimentos!

O masoquismo perverso é apenas a face espetacular de uma componente tão primitiva quanto geral da vida psíquica. "Masoquismo", a palavra padece de uma imagem pejorativa, quando sua capacidade de tingir de prazer a dor física e o sofrimento psíquico o transforma em uma riqueza inestimável. Graças a ele, o insuportável torna-se suportável, não há trabalho de luto*, por exemplo, que não lance mão dele.

Pelo fato de o sadismo dizer respeito à dor do outro, ele se torna compreensível, compondo até um ditado popular: "A infelicidade de uns faz a felicidade de outros." Enquanto o masoquismo, ao contrário, choca-se com o elementar bom-senso e conserva uma parte definitiva de enigma. "O verdadeiro masoquista sempre oferece sua face quando há a perspectiva de receber uma bofetada" (Freud). Essa busca da posição de vítima está no cerne do masoquismo moral, quando o prazer da dor cede lugar ao prazer da desgraça. A armadilha para a psicanálise é temível, quando o sofrimento psíquico, de motor do progresso da cura, torna-se o objetivo repetitivamente buscado.

MEGALOMANIA, *ver* **EU IDEAL**

MELANCOLIA

Uma cabeça pesada demais para o pescoço repousando na palma de uma mão que mal consegue sustentá-la, o motivo da *melankholia* (bílis, *kholé*; negra, *mélas*) acompanha toda a história da pintura; e da poesia, do "langor monótono" (Verlaine) à "felicidade de ser triste" (Hugo). Quando a melancolia não é simples nostalgia, ela produz mais que bílis, ela se compraz no negro, cultiva o mais sombrio pessimismo e é capaz de esfriar o próprio sol – ver os *Sunlights* de Edward Hopper. O enlutado sabe que perdeu, a melancolia não. A melancolia é contra o trabalho do luto*, contra toda resolução da perda, contra toda distinção entre vivos e mortos. O objeto (de amor) se perde, a ponto de o objeto da perda se perder, para dar lugar apenas à perda.

Ao quadro da depressão*, a melancolia acrescenta "um desgosto universal sem esperança que se assemelha muito ao ódio" (Vauvenargues). E, antes de tudo, o desgosto por si mesmo. O melancólico não entende que alguém possa se interessar por um ser tão abjeto, levando a autorrecriminação até o delírio da pequenez. Sem pudor, ele expõe as fraquezas de seu ser, convencido, aliás, de que os outros não valem muito mais: "Se fôsseis tratar cada homem de acordo com o seu merecimento, quem escaparia à chibata?" (*Hamlet*). "No luto, o mundo tornou-se pobre e vazio, na melancolia o próprio eu tornou-se assim" (Freud). Talvez não tão vazio assim, o objeto que se acreditava perdido recobre o eu* com a sua sombra, confunde-se com ele. O ódio de si mascara o ódio de um(a) outro(a), o que faz com que a melancolia se assemelhe a uma paranoia interior. A paranoia* é perigosa para os outros, até o assassinato. O melancólico é perigoso para si mesmo, até o suicídio.

MENTIRA (SEGREDO)

"Os pais sabem tudo, mesmo o que há de mais secreto – 'um passarinho me contou...' – e continuam sabendo até que a criança consiga contar uma primeira mentira bem-sucedida" (Tausk). O traçado das fronteiras do eu*, a construção de um interior, de uma intimidade, a posse garantida de um segredo têm como condição psíquica o *sucesso* de uma primeira mentira. Em "mentira" há *mente*, mentir é uma prova de espírito. O direito de dizer tudo define a liberdade; a ordem de dizer tudo, a ditadura. Um paciente que não soubesse enganar seu analista estaria bem doente (Bion).

A crença da criança, "os pais leem meus pensamentos", tem sua origem no aprendizado da palavra, "pois a criança, com a linguagem, recebe o pensamento dos outros" (Freud). O adulto lhe "dá" a palavra, e com ela os pensamentos, às vezes levando a criança à solução extrema, autista, de recusar a linguagem por inteiro. Acontece por vezes à psicanálise de ser atravessada por este pensamento paradoxal: o tratamento acabará quando ele (ela) puder mentir ou não se sentir obrigado a dizer tudo...

A primeira mentira não é uma palavra, é uma careta, um gesto de ator. A criança está no penico e seu rosto ilude, deixando crer que "fez", quando seu segredo – "segredo" e "excremento" possuem a mesma etimologia –, sua coisa íntima, permanece bem guardada. A primeira mentira não é um ato de palavra, é uma proteção contra ela, contra sua intrusão.

Ao melancólico, falta a mentira; pelo fato de mais nada o proteger de uma terrível lucidez, ele está entregue ao ódio de si. É possível, inversamente, que amor e mentira sejam cúmplices: "Mentimos a vida inteira, e até mesmo principalmente, e talvez apenas, àqueles que nos amam" (Proust).

MORTE

Ele sonhou com o próprio enterro, um gracioso carro fúnebre à moda antiga puxado por dois cavalos malhados de cinza. Atrás, todos estavam lá, aos prantos, inconsoláveis, na dor de haver perdido o que tinham de mais caro. O restante do cortejo era formado por uma multidão de desconhecidos, com a expressão ao mesmo tempo contrita e cheia de admiração. Um ser falta (Eu), e o mundo está despovoado.

Cada vez que tentamos imaginar nossa própria morte, na realidade continuamos a estar presentes como espectadores. "A morte é um possível que a vida jamais atualiza" (Heidegger). Mais frequentemente, no inconsciente, a morte é sempre a de um outro, um desaparecido ou um assassinado. De *sua própria morte*, o inconsciente não quer saber, ele acredita unicamente na imortalidade (Freud). Julie se pergunta: "Se você morrer durante as férias, como vou ficar sabendo?" É verdade, diz a si mesmo *in petto* o analista, não tenho o endereço dela.

Não existe nenhuma verdade em psicanálise que uma figura psicopatológica singular não venha um dia desmentir. O inconsciente* ignora o tempo e *sua* morte, até que... Narciso tome a frente da cena, e isso deixe de ser verdade. Se Narciso está fora do tempo, não é por ser atemporal, mas *eterno*. Fantasma narcísico por excelência, a vida eterna desmente a morte, afirma um tempo fora do tempo, um presente continuado, sem começo nem fim; sobretudo sem fim, diga-se de passagem. O tempo, seu poder de corrupção, torna-se então o mais primário dos processos. A problemática edipiana conhece unicamente o assassinato, a morte de um outro. Com o narcisismo*, a morte-própria se introduz na psicanálise, e no inconsciente; a ponto de, às vezes, no momento de uma depressão* profunda, se instalar na própria vida e impor-lhe seu nada de existência.

NARCISISMO

Existem ao menos duas maneiras de olhar uma linda mulher com que cruzamos na rua: olhar *para ela* ou espreitar em seus olhos se ela está *nos* olhando. Para Narciso, o outro é antes de tudo um espelho em que ele se reflete.

Do narcisismo, o amor que o eu* dedica a si mesmo, nunca está ausente uma escolha de objeto* amoroso, ele aproveita o mais das vezes da circunstância para colher alguns benefícios. Mas acontece também de ele ocupar todo o espaço, de o outro não ser senão um duplo, à imagem do que se é, do que se foi, ou do que se gostaria de ser. "Em breve, meu amor, constituiremos Um só... Eu" (Woody Allen). Paradoxalmente, é no auge da paixão, quando o eu parece absolutamente apagar-se diante do objeto *idealizado*, que Narciso reina absoluto. Um sinal... quando cessa o investimento passional, quando a libido se retira, é como se a areia não conservasse nenhum vestígio do louco amor. Swann se lembra de Odette: "Dizer que estraguei anos de minha vida, que quis morrer, que tive meu maior amor por uma mulher que não me agradava, que não era nem mesmo meu tipo."

A implicação narcísica é inicialmente vital. Os lábios estendidos do bebê encontram o bico do seio que chega no momento exato. Feliz conjunção que permite ao eu do bebê ter a ilusão de criar o que encontra, tomar-se pelo mundo e transformar em amor por si mesmo o amor de que era inicialmente objeto (Winnicott). A construção do eu* e a instauração do narcisismo são dois movimentos psíquicos indissociáveis. "O eu não existe desde o início como unidade" (Freud), a linha de suas fronteiras, o sentimento de sua identidade têm o pilar narcísico como condição. O paradoxo do narcisismo é, contudo, que ele divide tanto quanto unifica, amar-*se* a *si* mesmo, isso constitui dois – vestígio da intersubjetividade originária. Antes de qualquer clivagem* patológica, o narcisismo cliva o eu corriqueiramente. Podemos levantar dez vezes o braço direito diante do espelho, aquele que está à nossa frente teima em ser desagradável e levantar sempre o esquerdo. Essa divisão pode se tornar dolorosa no momento em que a ilusão da identidade não se sustenta mais, quando já não podemos falar sem nos ouvirmos falar, agir sem nos vermos agindo... O narcisismo tem seu negativo, quando o amor se transforma em detestação de si.

O eu é também um objeto libidinal, é isso que narcisismo quer dizer, mas não é um objeto* como outro qualquer; diferentemente do objeto do fantasma, ou do objeto exterior, *ele não é substituível*. Isso é ainda mais verdade quando o eu está *ferido*, ele mobiliza então toda a libido para o seu uso exclusivo, atentando contra a plasticidade* dela. Existem vidas inteiras que passam tentando erguer barragens contra o Pacífico.

NEUROSE OBSESSIVA

"Trata-se de uma patologia completamente louca, a mais extravagante imaginação psiquiátrica não teria conseguido construir nada parecido, e, se não a tivéssemos todos os dias sob os olhos, muito hesitaríamos em acreditar nela" (Freud). A "loucura" toma a forma da inépcia e recai habitualmente sobre os atos mais corriqueiros da vida cotidiana: deitar-se, tomar banho ou fazer limpeza, vestir-se, preparar-se para sair, andar... Quando um gesto basta, instala-se um cerimonial tão estrito quanto complicado, um ritual diário que faz a neurose obsessiva assemelhar-se a uma religião privada. Lavar as mãos vinte vezes por dia, arrumar e rearrumar a cama até eliminar qualquer dobra, verificar, antes de sair de casa, que a foto das crianças no criado-mudo acompanha exatamente a bissetriz do ângulo, evitar pisar nas juntas do piso, passar sempre à direita das placas de contramão... O pensamento não fica atrás e remói, calcula, duvida, tergiversa.

Por trás do *insensato* encontra-se sempre um sentido oculto que a análise consegue, ou não, descobrir. A ambivalência*, que faz com que o ódio *toque* o amor de tão perto, contribui generosamente para a formação dos sintomas: isolar, afastar, opor, evitar os contatos, tanto de coisas como de pensamentos. Não podemos odiar o que amamos sem sentir uma torturante culpa*, o neurótico obsessivo é um especialista na matéria, cutucando o erro até a dor ao mesmo tempo lancinante e deliciosa, sempre antecipando um crime, nunca livre da blasfêmia que, com uma palavra, lançaria por terra uma moral escrupulosamente construída: "Se Deus ficar de pau duro, estou perdido!"

Consegue-se às vezes reconstituir a "cena de origem" da neurose. A criança está no penico, bem antes da hora. Submete-se à injunção tirânica: "Não faça mais cocô nas calças!", mas à sua maneira, que consiste mais em conservar do que em dar. Diferentemente de uma constipação histérica, que pode ceder desde os primeiros momentos de uma psicanálise, o obsessivo é para sempre um constipado. A personalidade – obstinada, ordenada... – é assimilada pelo movimento corporal. A vida sexual também, sempre ameaçada pelo impuro, pela mácula e pela confusão cloacal. Na neurose obsessiva, o ânus é o sexo principal, aquele de que se deve fugir distinguindo-se o alto do baixo, a alma do corpo, a ponto de a atividade do pensamento, à qual o neurótico obsessivo *se entrega* totalmente, poder tornar-se a própria atividade sexual. A criança no penico é avara de suas fezes, mas não economiza palavras, é um falante precoce. "Falar, nada mais que falar...", a *abstinência* psicanalítica assenta-lhe como uma luva, e ele pede mais.

OBJETO (PARCIAL, TOTAL, TRANSICIONAL)

"Ela vê – que objeto para os olhos de uma amante! Hipólito estendido, sem forma e sem cor" (Racine, *Fedra*).

Objeto de desejo, de amor ou de ódio... *objeto* é em psicanálise o mesmo que na tragédia. Quer funde sua realidade no mundo exterior ou no fantasma*, ele é o meio pelo qual a pulsão busca sua satisfação. Dos diferentes ingredientes da pulsão*, ele seria o mais variável ("Volúvel adorador de mil objetos diversos", Racine), o que expressões como "tipo de mulheres" (ou de homens) sugerem à sua maneira. Acrescentando-lhe, contudo, uma nuance: a unicidade do "tipo" supõe, para além dos "objetos diversos", um único objeto, de apego ou de ressentimento, que, como podemos imaginar, deve muito aos objetos primeiros, os dos amores infantis. "Encontrar o objeto é, na verdade, um reencontro" (Freud); para além do acaso do encontro, a força do destino.

"Que quer dizer a palavra *objeto*? Um seio que uma mulher desnuda" (Quignard). Uma mulher? Antes de tudo, a primeira delas, o seio precede a mãe, o primeiro objeto é *parcial*, confusamente nutridor e voluptuoso. Antes que as sexualidades (oral, anal, tátil, visual...) se reúnam sob o signo de Eros, antes que visem e construam um objeto que se torna *total*, elas se dispersam e alimentam a excitação com todo tipo de lenha. Pode acontecer de o objeto permanecer *parcial* uma vida inteira, à imagem do fetichista* que do corpo de uma mulher só considera um busto apertado em um corpete. No corpo, o rosto*, e no rosto o olhar, essa janela da alma, é o representante do objeto *total*.

Objectus, o que está posto diante... O objeto se opõe, "objeta" sua alteridade à do sujeito psíquico. Por essa razão, deve mais ao ódio*, que rejeita, do que ao amor, que confunde. Devemos a Winnicott uma concepção ao mesmo tempo mais progressiva e mais nuançada da psicogênese do objeto. O primeiro objeto não é apenas parcial, é *transicional*. Ele faz parte do eu*, opõe-se a ele? Impossível dizer, à imagem do cantinho de travesseiro que o bebê suga, pedaço de pano a meio caminho entre o dedo e o urso de pelúcia, entre a pele do eu e a do seio.

ÓDIO

O ódio tem certezas que o amor* não tem. O ódio *sabe*, conhece perfeitamente o seu objeto (o do amor é *desconhecido*); o que o prende a ele é capaz de uma permanência no ser, às vezes uma vida conjugal inteira, que o laço de amor mais raramente manifesta. Associa-se frequentemente o ódio à destruição, esquece-se que ele é também "um tônico, ele faz viver" (Balzac). O ódio que sentimos, ou aquele que recebemos... Strindberg escrevia, a Gauguin: "Você me parece sobretudo revigorado pelo ódio dos outros."

Ódio e amor são suscetíveis de se transformar um no outro, o que não os torna, contudo, simétricos. O ódio ameaça a existência do objeto, porém mais fundamentalmente traça as fronteiras do eu, conjugando suas forças com a do narcisismo*, com o amor do eu por si mesmo. Quando a distância entre o eu e o outro tende a ser abolida à força de ser demasiado tênue (entre um sérvio e um croata, um hutu e um tutsi...), quando o narcisismo é reduzido às "pequenas diferenças", grande é o perigo de ver o ódio rasgar violentamente o que a realidade parece confundir. Pureza (da raça), purgação, limpeza (étnica) ... O eu*, o puro e o ódio habitam o mesmo território.

Antes de ser destruidor, o ódio é separador. A ele devemos a primeira distinção entre o dentro e o fora: o que a criança quer, ela engole; o que recusa, cospe. O eu, conforme unicamente ao seu prazer, introjeta o bom, joga longe o mau. "O odiado, o estrangeiro ao eu, o de fora são antes de tudo idênticos" (Freud). O ódio cria o objeto*, ele o *objeta*, seu paradoxo é que ele *põe*, afirma e reconhece tanto quanto procura negar aquele que visa.

ORAL (ORALIDADE)

Calvino, durante seu reinado na república de Genebra, incentivava tão entusiasticamente o comércio de especiarias quanto proibia firmemente o consumo a suas ovelhas: não *excitar* o paladar! Bem antes de Calvino, os monges da Idade Média perseguiam com suas invectivas a "tagarelice" das mulheres com a mesma energia que a fornicação, pressentindo, nessa língua bem comprida, um modo indireto de a sexualidade ser extravasada.

A boca é um sexo, como mais de um prazer preliminar* comprova. Sem falar dos prazeres e desprazeres da boca, do *gourmet* que saliva à anoréxica que se recusa a abri-la, passando pelo tagarela impenitente. Se a boca torna-se um sexo, é porque ela não está sozinha, o seio está com ela, dando seu prazer ao mesmo tempo que o recebe; inconscientemente na grande maioria dos casos. As primeiras experiências de satisfação são mais conviviais que solitárias.

A vida psíquica começa pela boca, o primeiro gesto do eu* é uma incorporação*, nada distingue, no início, comer e amar, cuspir e odiar. Quando as coisas seguem seu curso, Psiquê se emancipa (parcialmente) desse primeiro modelo somático. Não é sempre o caso, como evidenciam o alcoolismo e as patologias alimentares, mas também outras formas menos dramáticas: quantos homens só encontram a "felicidade" quando conseguem transformar suas mulheres – frequentemente cúmplices – em uma "*mama que alimenta*".

ORIGEM, *ver* CENA PRIMITIVA

PAI

"A maternidade é atestada pelo testemunho dos sentidos, enquanto a paternidade é uma conjectura [era antes dos testes de DNA], ela é edificada sobre uma dedução e sobre um postulado" (Freud). A mãe é uma certeza, o pai uma hipótese, talvez a primeira de todas. Toda teoria seria *paterna* em seu princípio? A teoria sexual das origens ("de onde vêm as crianças?"), primeira de todas as teorias sexuais, é, para o jovem explorador, um modo de se indagar sobre a contribuição daquele que lhe disputa o lugar junto à mãe.

Não existe nada, nem mesmo uma presença paterna, que possa valer como garantia de saúde psíquica; muitas loucuras, não apenas a de Schreber, têm como origem a relação patológica com o pai. Contudo, a única coisa de que podemos ter mais ou menos certeza é que não existe saúde possível sem que os personagens do primeiro casal, a mãe e a criança, se afastem, sem que um terceiro venha se imiscuir entre eles. Dessa função de simbolização, que permite que a vida psíquica escape da confusão, dessa função de estabelecer a diferença* (entre os sexos, as gerações...), o pai é o mais clássico dos representantes.

O que faz com que a imagem de um pai passeando, segurando a mão de seu filho ou filha, provoque frequentemente mais emoção que a de uma mãe realizando o mesmo gesto? A incerteza do pai não é apenas uma promessa para a vida do espírito, a curiosidade teórica; ela transforma seu amor, por definição improvável, em uma eleição, um amor ainda mais esperado por não se dever a nenhuma necessidade natural. Pode não existir pai algum, seu valor só se torna ainda maior, o valor do luxo.

A insistência na função simbólica do pai (Lacan) acabou por fazer esquecer sua participação libidinal, sua sedução. O que, para uma menina, é o mais difícil de elaborar? Ver, nos olhos de seu pai, o desejo de que ela é objeto, ou não ler absolutamente nada?

PARANOIA

Nada, para o psicanalista, é comparável ao seu encontro com o(a) paranoico(a). Mal este último se senta na poltrona em frente e uma tensão bem particular, quase um perigo, começa a dominar a atmosfera. O psicanalista acredita ser conveniente ressaltar uma palavra... "Ah... o senhor está *repetindo* minhas palavras..." Para não falarmos da interpretação – o modo de pensamento comum do próprio paranoico; para ele tudo é um *sinal*, um sinal sempre hostil –, ela seria recebida como uma perseguição, um "assassinato da alma".

Existe um complô no ar, a desconfiança, o ciúme se generalizam, dizer que o paranoico é suscetível é pouco... Ao menor pecadilho, inicia-se o processo. O paranoico só ama uma coisa, seu ódio*. Diferentemente do eu do esquizofrênico*, que se rompe em pedaços, o do paranoico conserva, graças à projeção, uma certa unidade. Nunca é ele, são sempre os outros. Ele só fala na terceira pessoa e só conjuga no imperativo. O paranoico é um ser social, não é raro que esteja no poder, que ocupe uma função de autoridade; sua loucura encontra aí uma espécie de camisa de força, para a infelicidade de seus subalternos, sem falar daquele que se torna seu "bode expiatório". É muitas vezes por ocasião daquilo que ele vive como uma *humilhação* social que o paranoico se revela um psicótico propriamente dito, até o delírio.

Entre os delírios (de grandeza, de ciúmes...), as formas religiosas, particularmente os integrismos, revelam a desmedida narcísica no coração da paranoia: o fim do mundo está próximo e, com razão, confunde-se com sua própria morte!

Como nos tornamos paranoicos? Não existe resposta simples, apenas um exemplo, do mais célebre dos paranoicos da psicanálise, o presidente Schreber. Seu pai, Gottlieb (!) Schreber, pedagogo renomado que o sistema nazista recolocará em moda, preconizava uma educação que visava a "se tornar para sempre mestre da criança", levando-a à "impossibilidade moral de desejar"... Não desejarás!

PASSIVIDADE, *ver* FEMINILIDADE, SEDUÇÃO

PERVERSÃO

Pervertire: pôr de ponta-cabeça, falsificar (um texto), corromper (os espíritos), levar (ao vício)... A perversão conservou alguma coisa de seu latim de Igreja. A psicanálise varreu o que restava dessa construção edificante. Se a sexualidade *normal* consiste em um "coito visando a obter o orgasmo por penetração genital com uma pessoa do sexo oposto" (Freud) – e, nessa linha, poderíamos acrescentar, com Bento XVI: o coito "missionário", o homem por cima (os Padres da Igreja condenavam a posição *mulier super virum*) e a procriação como objetivo! –, então a perversão é a coisa do mundo mais bem partilhada, que começa com a menor mudança de posição, sem falar do beijo e de todas as outras invenções preliminares. A pulsão* sexual é "perversa polimorfa"; não há nada no corpo*, lugar ou função, atividade intelectual inclusa, que não possa se pôr a serviço da busca do prazer.

A psicanálise nos libertou de uma representação da vida sexual definida unicamente pelas restrições da censura e do recalque. O risco, contudo, dessa generalização da dimensão perversa é perder o que faz a originalidade da *perversão adulta*, a que organiza a sexualidade de um modo bastante restrito a partir de um cenário fantasmático (*voyeur*, masoquista, fetichista etc.) *Nada é menos polimorfo que a perversão*. Longe de ser a simples busca de uma sexualidade infantil no estado bruto, a perversão é, ao contrário, a imobilização, a *fixação*. O perverso é um forçado, acorrentado ao cenário-grilhão de um fantasma* (um único e exclusivo fantasma), que ele precisa realizar a todo custo. O tédio que se apodera do leitor de Sade é indissociável desse imperativo de repetição*.

O objeto* da pulsão* é variável, o da perversão é *indiferente*. Trata-se *unicamente de um objeto*, nunca de uma pessoa, nunca de um *outro*. Basta-lhe representar o papel que o fantasma lhe atribui. De que a perversão protege o perverso? O psicanalista só tem a oportunidade de perceber alguma coisa quando a solução perversa desmorona, quando as angústias* prevalecem e quando, muitas vezes, a depressão* ameaça no horizonte.

PLASTICIDADE (DA LIBIDO)

"A psicanálise requer certa dose de *plasticidade* psíquica" (Freud). Plasticidade... a palavra evoca a escultura, a criação de formas novas, e para isso a necessidade de dispor de um material suficientemente maleável. Isso está longe de ser verdade, a lista dos entraves à mudança psíquica é interminável. Entre os grandes obstáculos, citemos o ódio* e suas certezas intangíveis, o narcisismo* e sua dinâmica centrípeta do recolhimento do eu sobre si mesmo, a inquietação vital, o indefinível mal-estar – quando Psiquê está suspensa entre "ser" e "não ser", que mobilidade lhe resta?... A apoptose, o fenômeno da morte celular, bem pode "esculpir o ser vivo" (Ameisen), mas é antes do lado de Eros e das pulsões* sexuais que se pode esperar a re-forma plástica da vida psíquica. Obstáculos não faltam também desse lado: uma libido "viscosa", fixada a posições que recusa deixar, um recalque* obstinado, sulcos de angústia* tão profundos quanto valetas, um masoquismo* que desvia o sofrimento em seu benefício... Contudo, as pulsões sexuais têm a inestimável potencialidade de mudar de objeto, de perseguir sem perceber, *via* sublimação*, objetivos (sociais, intelectuais, estéticos...) que não têm *manifestamente* nada de sexual.

Entre elas, as pulsões sexuais (oral*, anal*, genital, escópica, epistemofílica...) são "como uma rede de canais comunicantes" (Freud), quando uma via está bloqueada, é sempre possível tomar outro caminho. Sem essa plasticidade, nenhum trabalho de luto* poderia ser realizado, nenhuma história poderia ser reescrita, nenhum objeto poderia ser encontrado-criado. Sem essa faculdade de deslocamento, herdada da polimorfia da sexualidade infantil*, seriam as *transferências**, o material maleável, que viriam a fazer falta à psicanálise.

PRAZER, *ver* AUTOEROTISMO,
MASOQUISMO, ORAL, PRELIMINAR,
SEXUALIDADE INFANTIL

PRELIMINARES

O homem não inventou o coito, apenas as preliminares. A designação da descarga como objetivo monótono da pulsão* marcou durante muito tempo, em Freud, um resto de equação entre instinto e pulsão, genital e sexual. As preliminares, essa sexualidade sem finalidade, herdeira direta da sexualidade infantil*, mostram ao contrário que alguma coisa da pulsão é "contra a *plena* satisfação", contra a "pequena morte" e pelo prazer. Longe de se excluírem, tensão e prazer tiram proveito um do outro. A obra milenar do sábio Vatsyayana, o *Kama sutra*, inclui entre suas proposições diferir o orgasmo ao infinito: "O prazer sem contenção mata a si mesmo." A obra faz da relação sexual uma coreografia, sem grandes relações com o que o coito naturalmente e bestamente propõe. A sexualidade se tornou uma *ars erotica*.

As preliminares não apenas são, da sexualidade humana, a parte mais complexa; elas condicionam o encontro entre os sexos. Porque, para esse jogo, a mulher "é menos disposta que o homem", Ambroise Paré, como digno herdeiro da medicina hipocrática, aconselhava ao homem "mimar, afagar, acariciar e estimular" aquela que, de outro modo, "permaneceria arredia à espora".

PROIBIÇÃO, *ver* COMPLEXO DE ÉDIPO

PROJEÇÃO, *ver* PARANOIA

PSICOSE

Era um hospício à antiga, mal aquecido, com vento encanado de todos os lados, que aquela sombria noite de inverno tornava ainda mais lúgubre. Enrolada em seu casaco, residente em psiquiatria havia pouco tempo, ela não entendia como o jovem esquizofrênico* à sua frente, vestido com uma simples camisa, com o peito descoberto, podia permanecer ali, indiferente ao clima glacial. Tocando o próprio peito, ela perguntou-lhe: "Você não sente frio aqui?" Ele a olhou longamente... Olhar não é a palavra justa, pois supõe uma reflexão, não havia nenhuma troca entre os dois, ela se sentiu antes atravessada, como se suas pupilas não tivessem o poder, o mesmo poder de um espelho, de devolver o que lhe era assim "dirigido". Depois, ele estendeu o braço, colocou a mão onde ela havia posto a dela, no peito *dela*... "Não, não sinto frio aqui."

"Eu é um outro", a fórmula já não é suficiente, *um outro é eu* é mais adequado para exprimir a *alienação* da psicose, quando não se sabe mais onde começa o dentro, onde termina o fora. Se perguntarmos à mãe porque ela não alimenta seu bebê que está chorando quando é hora da mamadeira, ela dirá: "Não estou com fome." O eu* é um ser de fronteiras, ninguém melhor que o psicótico faz-nos perceber isso, pois nele a linha que distingue as realidades exterior e psíquica desapareceu. O mundo no qual evolui o psicótico é feito de objetos bizarros, como o "mobiliário de um sonho" (Bion). Toda a dificuldade do psicanalista, quando ele se confronta com a experiência da psicose, reside em poder se colocar nesse lugar estranho a partir do qual a Psiquê refaz o mundo, um ponto de vista que não teríamos jamais imaginado, mas que os mais alucinados sonhos* podem nos apresentar.

Se perguntarmos à criança neurótica: "Com o que você vê?", ela responderá: "Com os olhos." *"Com o sol"*, responderá a criança psicótica. "Com o que você ouve?" "Com os ouvidos", diz uma; "com a música", diz a outra.

PSICOSSOMÁTICO

A hipertensão de que sofre ameaça-o a cada dia com um infarto. Os cardiologistas há muito tempo já haviam perdido o seu latim e aconselham-no a consultar um psicanalista. O que ele acaba aceitando, bem a contragosto. O homem é empreiteiro em uma região montanhosa, e o andamento de seus canteiros de obras (e de sua sobrevivência econômica) é particularmente dependente do tempo que faz. "Você sonha?", pergunta-lhe o psicanalista... "Sim." "Você pode contar um sonho?..." "Neva, neva, neva..."

Psiquê e soma são vasos comunicantes: quando a primeira está sobrecarregada, muitas vezes descarrega no outro aquilo com que não consegue lidar. Essa via é tomada ocasionalmente por todos, sendo que alguns a privilegiam. Entre estes últimos, encontramos o mais das vezes as mesmas características. Seu pensamento é "operatório" (Marty, M'Uzan), contenta-se em duplicar a ação, é seu instrumento e só se preocupa com o atual. A imaginação, seus fantasmas*, é tão ausente como podem ser o afeto e a referência ao passado. A neurose* dissocia a representação do afeto, liberando uma angústia que se precipita em sintoma* (uma fobia*, por exemplo); aqui, inversamente, tudo é levado de roldão, tanto a fantasia quanto a angústia. À imagem de nosso morador das montanhas hipertenso, os próprios sonhos perdem seu onirismo. Nenhuma angústia perceptível, o corpo sofre. A relação com os outros ressente-se disso, como abandonada.

O sentido da somatização não é da ordem do símbolo – como a recusa de *ver* que marca uma cegueira histérica – mas nem por isso deixa de ser uma comunicação. Pensamos nos modos primitivos de expressão, os da primeira infância, quando a linguagem ainda não estava ao alcance (Joyce McDougall), e que era pela anorexia*, pelo mericismo, pela colite, pela cólica, pelo eczema, pela asma... que o psiquê-soma do bebê lançava então seus apelos.

PULSÃO

"Beber sem sede e fazer amor em qualquer época, senhora, é a única coisa que nos distingue dos outros animais" (Beaumarchais). Se a pulsão conservou a força irreprimível do instinto, em todo o resto ela se define principalmente por aquilo que a distingue dele. O instinto é a característica de um comportamento inato, geneticamente determinado, comum a uma espécie, à imagem da melificação das abelhas ou da migração dos pássaros. Que resta dele nos homens? Talvez a fome nas situações de penúria, porque quanto ao resto... entre a excitação do *gourmet*, a recusa da anoréxica* e a insaciabilidade da bulímica, a equação entre a necessidade e uma resposta simplesmente adaptada tornou-se impossível. A crise bulímica, sua violência, é uma imagem forte daquilo que pulsão quer dizer, quando já não se trata de se alimentar mas de preencher o vazio, o de um corpo* que o fantasma* e a angústia* tornaram análogo ao tonel das Danaides.

Tudo começa com o instinto sexual. Fora o estado endócrino particular, propício à reprodução, que é o cio, não se observa nas fêmeas mamíferas nenhuma atividade sexual. Exceto em uma... A mulher, e o homem, fazem amor em qualquer época; e nem sempre juntos. Não apenas a sexualidade humana perdeu a bússola da reprodução, como ainda sua busca de prazer contaminou o conjunto das atividades humanas, inclusive a fome e a sede. A pulsão só duplica o instinto para desviá-lo de seus objetivos. Uma necessidade instintiva "sabe" o que pode apaziguá-la, enquanto "algo na natureza da pulsão se opõe (ao contrário) à plena satisfação" (Freud). Nunca é o bastante, nunca termina. Jamais o corpo biológico por si mesmo poderá dar conta de tanta loucura. É preciso que o fantasma* participe disso, com a condição de não confundi-lo com uma simples fantasia. O fantasma é encravado, como uma unha; está impresso na carne, é sua evocação que a faz tremer.

PULSÃO DE MORTE

Que quer aquele que não quer se curar, que não quer mudar, que só faz repetir a própria repetição, que desfaz o que mal acaba de ser construído, que já não sente prazer, nem mesmo de destruir ou de sofrer, e que o desamparo do outro que se tornou impotente para ajudá-lo deixa indiferente? Que quer aquele que *nada* quer?

O ódio*, a agressividade, a ânsia de destruir integram frequentemente uma dose de prazer, mesmo que este não seja perceptível. Têm a grande vantagem de destruir um outro, de levar a morte para fora; enquanto a pulsão de morte é fundamentalmente pulsão *de sua própria morte*. Ela é como a face negra do narcisismo*, quando a expressão do amor de si se transforma em seu contrário, um recolhimento, até o retraimento, quando a *animação* da vida psíquica parece ter-se tornado o inimigo principal. Eros, contudo, terá dito sua última palavra? De Kierkegaard a Beckett, filosofia e literatura já souberam fazer, do desespero, estética; e já Balzac, com sua *Pele de onagro*... Livro que Freud escolheu para fazer-lhe companhia em seus últimos momentos: "Exatamente o que me convém, um livro que fala de retraimento e morte por inanição."

REALIDADE PSÍQUICA

Ele sabe tudo isso, ainda mais que, como homem de ciência e de positivismo, a *realidade* é para ele um objeto de medida; ele *sabe*, com seu humor que habitualmente tende à autoironia, que "os dentes do mar não passam de uma dentadura", que "a lula gigante do capitão Nemo foi despedaçada", que tudo o que ele imagina "fervilhar debaixo da água", caranguejo que belisca ou moreia que corta, é um perigo tão temível quanto imaginário... Isso não muda nada. Nadador razoável, com a condição, entretanto, de poder deixar "a cabeça fora da água", ele é tomado por uma angústia* irreprimível assim que percebe que o mar deixa de dar pé.

Em "realidade psíquica", é *realidade* que é a portadora do enigma. A simplicidade das palavras é inversamente proporcional à dificuldade de uma noção que perturba a hierarquia estabelecida entre o real e o imaginário. Por que "loucura" a *realidade* do fantasma* pode prevalecer sobre a julgada pela razão? Por se terem deixado enganar pela *realidade* da realidade psíquica, muitos laudos psicológicos induziram a Justiça a erros trágicos. Quanto mais o fantasma é inconsciente, mais ele submete nossas escolhas e nossas recusas, quanto mais somos *agidos e falados* por ele, mais sua *realidade* é a nossa, mais o dentro comanda o fora. As representações inconscientes são como *coisas*, um núcleo de desejos e angústias que impõem sua *realidade* à realidade material, ou que pelo menos se esforçam para isso – alcançando, na psicose*, um terrível sucesso que arrasta tudo à sua passagem.

REBAIXAMENTO (DA MULHER)

Trata-se de um escolho próprio da sexualidade masculina, e, se nem todo homem topa com ele, nem por isso deixa de ser muito geral: a dificuldade consiste em poder conjugar ternura* e sensualidade com relação a uma mesma mulher. "Quando amam, não desejam, quando desejam, não podem amar" (Freud). A esse clássico da vida amorosa responde uma solução social igualmente tradicional: em termos ligeiramente obsoletos, isso dá de um lado a esposa, do outro a amante. Com uma, ternamente amada, superestimada, respeitada demais, a vida sexual é instável, facilmente perturbada, pobre em gozo – enfim: ameaçada de impotência. Com a outra, uma *Naná*, rebaixada ou mesmo bestializada, a vida libidinal é tão pouco "refinada" quanto rica em satisfações.

Freud não tem nenhuma dificuldade em mostrar que, por trás dessa divisão – para uma a ternura, para outra a sensualidade –, é o próprio objeto* do fantasma que está clivado. De um lado a Madona, mãe de ternura, caro objeto dos amores infantis; do outro, aquela que se tranca toda noite com um (outro) homem... o pai. O inconsciente não entra nos detalhes, a nuance não é o seu forte, a Madona e a puta são as duas faces de uma mesma moeda.

O próprio menino não nasceu da traição materna, uma "noite sexual?"

Mais que o desgaste do desejo*, álibi normalmente invocado, é a proximidade com o objeto incestuoso do fantasma* que impõe ao homem uma distância respeitosa. Em um filme recente, o gangster (De Niro), herói deprimido, responde ao seu "psicanalista" que lhe pergunta por que ele não se permite tal gesto preliminar com sua mulher: "Você está brincando, a boca que beija meus filhos todas as manhãs!"

A "solução" proposta por Freud a fim de escapar a esse dilaceramento conservou algo de seu cheiro de enxofre: não existe, para o homem, vida amorosa verdadeiramente livre e feliz que não tenha "superado o respeito pela mulher" e que não se tenha "familiarizado com a representação do incesto com a mãe ou com a irmã".

RECALQUE

O empreendimento tem tonalidades bélicas: *recalcar* na fronteira (do eu*) o estrangeiro indesejável, cuja presença só causa desgostos e desprazeres. Do recalque, temos uma espécie de experiência comum, um mal-estar discreto, um irreprimível desgosto, todo o leque dos afetos negativos se encarrega de assinalar a irrupção de um inimigo ainda mais difícil de combater pelo fato de atacar do interior. O recalcado é um cavalo de Troia.

O recalque deixa fora do alcance da consciência um desejo inadmissível, uma representação inaceitável. Mas sua tarefa é infinita, nunca realizada. O recalcado retorna incessantemente: impedido de passar pela porta, entra pela janela sob a forma de um sintoma*, de um ato falho*, de um sonho*... Uma de suas máscaras preferidas consiste em se transformar em seu contrário: o ódio* se torna carinho excessivo, o sadismo, compaixão... Por trás do defensor dos animais existe, no infantil, um arrancador de asas de borboletas. Ainda mais cínico, acontece de o recalcado utilizar, para voltar, o meio que supostamente rejeita, à imagem do asceta que, agitando seu crucifixo para afastar a tentação, de repente vê aparecer uma mulher nua no lugar do crucificado (Freud).

O paradoxo do recalque é que aquilo que ele reprime adquire, por isso mesmo, um excedente de existência, uma espécie de eternidade, um frescor definitivo que, ao ressurgir trinta anos mais tarde provoca o mesmo efeito. De nossa memória, o recalcado é a parte mais viva, mais indestrutível.

O recalque é algo diferente de uma simples rejeição (Freud), ele transforma aquilo que toca. Sempre no mesmo sentido, o da desmedida: a mais amável das mães torna-se bruxa; o mais caloroso dos pais, déspota oriental. É um material já metamorfoseado e simbolizado que o trabalho da psicanálise busca trazer à luz do dia, libertar de seus entraves.

REGRA FUNDAMENTAL

"Mais uma coisa, antes de começar... diga tudo o que se passa em sua mente, abandone as imposições da conversa comum, não hesite em remontar ao dilúvio... 'Não tem nada a ver, não tem a menor importância, não tem sentido', não ceda a essas intimidações, muito pelo contrário. Perca o fio, fale com a língua desatada..." Será após vinte anos de experiência que essa regra se tornará *fundamental*. Freud percebe que não adianta nada querer penetrar diretamente no coração da organização patogênica, nem "exortar o paciente" a se concentrar em um tema determinado – em vez de eliminar os sintomas*, nós os reforçamos, e, quando eles desaparecem um pouco, é apenas para constatarmos que a angústia* foi fazer seu ninho bem ao lado. A psicanálise tornou-se uma questão de tempo.

A associação livre é um meio, não o objetivo visado pela regra – um dos modos de resistência* consiste, aliás, em seguir a regra ao pé da letra e só falar coisas sem pé nem cabeça. O que é esperado, almejado, é o *incidente*, o pensamento incidente, aquele que cai como um cabelo na sopa. Nada é mais doce aos ouvidos do psicanalista que uma frase que começa com: "Isso não tem nada a ver, mas..." A regra é um apelo ao desmantelamento, ao rompimento, na linguagem, das "razões" que freiam sua expressão. "Diga não o que você preferiria calar, mas o que você não *sabe*..." Paradoxo da associação *livre*, que abre a porta ao *determinismo* do inconsciente.

O que enuncia o psicanalista é uma coisa, o que entende o paciente é outra, o neurótico obsessivo* por exemplo. Em "Diga tudo o que está acontecendo...", ele se detém em *tudo*. Dizer *tudo*... Confesse! Entregue "aquele segredinho sujo". O obsessivo, esse grande "culpado", faz questão que o psicanalista permaneça um confessor. É dele que escutamos regularmente o refrão sobre a transmissão das formas históricas da confissão, do confessional até o dispositivo divã*/poltrona...

REGRESSÃO

Ninguém é capaz de percorrer o tempo em sentido inverso, é apenas no espaço que é possível voltar atrás. A noção de regressão "temporal" alimenta uma ilusão, a de um retorno no tempo, ao longo das etapas do desenvolvimento; eventualmente até o ponto de partida, como o depressivo que, à imagem do bebê, nada mais faz além de comer e dormir. A regressão nos leva menos a tempos remotos que a lugares a que permanecemos inconscientemente *fixados*, que nunca abandonamos de fato. Paradoxalmente, a regressão "temporal" *ignora o tempo*, assinalando, ao contrário, a *presença* de formas psíquicas primitivas. Para tentar ilustrar esse modo de *atualidade* do infantil, do primitivo em nós, Freud pensa inicialmente no Yellowstone, imagem de uma reserva natural deixada em seu estado originário. Mas o inconsciente não é o estado de natureza, é feito daquilo que acontece, mantendo em um mesmo espaço-plano (Psiquê é extensa) a soma das experiências marcantes, sem hierarquia, sem história. O infantil não é um pedaço de natureza, e sim a mais polimorfa das culturas, uma Roma em que conviveriam sem separação, sem destruição, a primeira paliçada da Roma quadrata, circundando o Palatino, o templo de Júpiter Capitolino, o Palazzio Farnese...

A instauração da situação psicanalítica é um convite à regressão, um convite à viagem. Os caminhos que levam de uma Roma à outra passam pela livre associação, que faz com que a linguagem* já não seja senhora da direção que toma; pelo retorno às imagens, ao *sonhar* – se não ao sonho* – que a posição no divã* facilita; pela atualização, a encarnação (as transferências*) das *dramatis personae* da vida, antes de tudo as da infância. O analisando trata as palavras como coisas, olha as imagens e "banca a criança", até mais do que deveria.

REPARAÇÃO, *ver* DEPRESSÃO

RESISTÊNCIA

Por vezes a resistência à psicanálise formula-se muito simplesmente. Samia enumera o que ela elimina da regra fundamental* (dizer tudo o que se passa...): "Há coisas que não são da sua conta, e coisas que são muito bobas." Raramente isso é tão claro e consciente. As máscaras da resistência assumem todas as formas, muitas vezes contrárias: "Não me vem nada à mente...", "Tantas coisas me vêm à mente que me é impossível dizê-las". Um nada lembra de seus sonhos, outro submerge a análise narrando-os. Um se enclausura no silêncio, outro fala sem parar a fim de recusar aos pensamentos difíceis o tempo de se formar. Um ama o analista e lhe diz o que acredita poder dar-lhe prazer, outro é hostil e tem como único objetivo provar àquele que o escuta sua incompetência. Um recebe toda interpretação como palavra do Evangelho, outro mal esconde seu desprezo: "Muito interessante..."

A única dificuldade da resistência consiste em escolher entre as suas diferentes fontes: o eu* não quer nem saber do recalcado, o isso* é apegado aos seus modos sintomáticos de satisfação e recusa transformá-los, o supereu* tem necessidade de sua culpa* e se opõe a que o mundo mude, a não ser que seja para pior. Um dos ardis do supereu consiste em obedecer à regra (fundamental) pelo prazer de obedecer – tanto na análise como na escola ou na religião!

O psicanalista erraria, contudo, se se queixasse, toda resistência assinala a *presença* do inconsciente, assinala o que dissimula. A primeira de todas as resistências não seria a própria transferência* enquanto repete, enquanto age mais do que elabora? Mas, por colocar em ato o inconsciente, ela é também aquilo que permite a análise.

RETORNO AO VENTRE MATERNO (SONO)

Graças ao sono, reencontramos um estado anterior à nossa presença no mundo, "o da existência no ventre materno. Criamos condições perfeitamente semelhantes ao que eram então: calor, escuridão, ausência de estímulos. Alguns de nós se enrodilham para formar um pequeno pacote e adotam para dormir a posição do corpo* que tinham então. O mundo não nos possui inteiramente, por um terço de nossa vida (o tempo do sono) *ainda não nascemos*" (Freud). O sono, e isso é ainda mais verdadeiro quando é profundo e sem sonhos e quando a cama é um "ninho macio", realiza o desejo de retorno ao ventre materno. Esse fantasma seria narcísico (através do recolhimento esférico do corpo e da psiquê) ou incestuoso (voltar a encontrar as delícias do país natal)? As distinções são abolidas, as satisfações se confundem, como o eu* adormecido e o isso* que nada mais diferencia. A restauração do narcisismo primário e os reencontros simbióticos com a mãe primitiva são uma coisa só.

Sob sua face encantada, à imagem de uma publicidade das ilhas Seychelles, das Bahamas e de outros "mares quentes", o fantasma* promete o paraíso – enquanto, na verdade, as alegrias da vida intrauterina poderiam existir apenas retrospectivamente. Sob o sol negro da depressão*, o mesmo fantasma aproxima perigosamente sono e "sono eterno", ventre e tumba; paradoxo de um fantasma cuja realização leva à abolição da própria vida fantasmática e de toda animação psíquica. Dormir, nada além de dormir...

ROSTO

A mãe representa diante do filho seu próprio desaparecimento, basta-lhe esconder o *rosto* com um tecido ou com as duas mãos juntas – *a minima* uma mão sobre os olhos, apagando o olhar, produziria o mesmo efeito. Nenhuma outra parte do corpo além do rosto poderia convir. É que o rosto é menos uma *parte* do que o representante do *todo*. O objeto* total é um *rosto*. Se, nos campos de concentração, a colher se tornara um dos mais preciosos objetos, é porque evitava ao rosto o desaparecimento no prato de sopa e permitia assim continuar pertencendo à espécie humana.

Não podemos *ver* nosso rosto, apenas *nos vermos*. Amar-*se* tem como condição prévia um *se* olhar, o rosto é a zona erógena por excelência do narcisismo*. Para chegar até aí, um simples espelho não basta, o primeiro espelho é o rosto da mãe (Winnicott). O rosto, assim como todo o corpo* psíquico, resulta de uma psicogênese. Para *se ver*, para desenhar um rosto para si e sentir prazer ao contemplá-lo, é preciso, antes, aprender com o olhar materno que somos "a menina de seus olhos".

O rosto é a janela da alma. Uma janela aberta demais para que a psicanálise possa confortavelmente instalar-se ali. Quer sejamos pacientes ou analistas, como nos abandonarmos ao curso dos pensamentos inconscientes, como nos permitirmos a liberdade vagabunda da imaginação, se estamos sob a ameaça de sermos *arrostados, de perdermos a face*?

SADISMO, *ver* **ANAL, MASOQUISMO**

SEDUÇÃO

"O amor da mãe pelo bebê que amamenta e de que cuida é bem mais profundo do que seu afeto posterior por seu filho adolescente. Esse amor possui a natureza de uma relação amorosa plenamente satisfatória, que preenche não apenas todos os desejos psíquicos, mas também todas as necessidades corporais" (Freud). A criança estende os lábios em busca do leite, chega-lhe o mamilo de um seio que mistura ao alimento que dá o prazer que recebe. A criança é um "brinquedo erótico", sem que seja necessário invocar para isso a perversão de uma mãe*. Como esta poderia fazer para não oferecer, ao mesmo tempo que seus cuidados, uma parte de sua sexualidade inconsciente? O pai não se engana quando vislumbra na criança que acaba de nascer a figura de um rival. A sedução geral se deve à dissimetria da criança e do adulto (Laplanche), à inevitável passividade do primeiro, à confusão de amor e cuidados. A criança espera ternura*, recebe paixão. Para a perversão*, é preciso dar um passo a mais, por exemplo quando a mãe prolonga a experiência do aleitamento pelo orgasmo que libera.

A sedução comum, a que "ensina a criança a amar e a dota de uma necessidade sexual enérgica" (Freud), é ladeada por duas figuras patológicas, uma por excesso, a outra por falta. O abuso sexual do adulto contra a criança quase nunca deixa a esta última outra escolha além de se identificar com o agressor e ser votada à repetição – o pedófilo é uma criança mais destruída que seduzida. Mas também acontece de a sedução, seu fantasma*, estar ausente da cena psíquica. A criança olha para o rosto* da mãe, e não vê nada. O prazer dela, ausente ou desaparecido, não lhe devolve o seu e, por isso, priva-a dele. O seio que a criança chupa é um seio de gelo que destila o leite negro da melancolia*.

SEPARAÇÃO

A mãe está na frente do filho, cobre o rosto com um lenço, ou simplesmente o esconde com as duas mãos juntas. Os privilegiados se lembram da continuação, a excitação ou a gargalhada que presidem ao reencontro: "Cadê a mamãe? Achou!" De novo e de novo. Provavelmente só podemos *brincar* com a separação, a ponto de transformá-la em uma erótica – quando a ausência reacende o amor, quando as despedidas nas plataformas das estações são um dilaceramento delicioso –, quando o primeiro de todos os objetos* tolera sua própria perda, aceita *se* separar, transforma em jogo aquilo que, de outro modo, tornar-se-ia desamparo*, quando nada mais distingue a ausência do desaparecimento. A separação psíquica, a que dá à criança a "capacidade de existir sozinha" na presença da mãe (Winnicott), é o último ato de nascimento – separação deriva de *parere*, "parir".

Como as patologias da separação (depressão*, adicção*, anorexia*...) nos fazem entender, na angústia da separação não é, apesar das aparências, a separação que é angustiante, mas sua *impossibilidade*.

SEXUALIDADE INFANTIL

O que *sexual* quer dizer? A palavra mais usual em psicanálise não é a menos enigmática. A sexualidade humana não apenas se emancipou das finalidades instintivas, as da reprodução; ela recusa também submeter-se unicamente ao primado da genitalidade. Definir como "pré-genital" a sexualidade *infantil* é um mal-entendido, já que ela não é simplesmente uma primeira etapa cuja forma acabada seria a sexualidade pubertária. A sexualidade infantil é como o inconsciente, ela não tem idade, ignora o tempo. A infância é o seu lugar de nascimento, mas nem por isso ela se confunde com a sexualidade *da criança*. A sexualidade infantil não é uma sexualidade preliminar, mesmo que as "preliminares" lhe sejam inteiramente tributárias. Trata-se de uma sexualidade outra, nunca "conforme", sempre estrangeira, inquietante e apaixonante. O fantasma* é seu elemento, todas as atividades humanas sem exceção são suscetíveis de excitá-la.

A sexualidade genital conhece seu objetivo, o coito, enquanto a sexualidade infantil é polimorfa, multiplica os sexos, *deseja*, em outras palavras, *não sabe o que quer*, definitivamente, sem *fim*. Sabemos que faz da boca oralidade* e do ânus analidade*, mas seu poder de transformação não investe somente os orifícios, cada pedaço de pele também participa do fantasma, cada sentido só pede para se colocar a serviço do prazer-desejo, e a própria atividade intelectual não está livre de suas visadas.

Tudo isso não se faz sem um custo. Por não respeitar nada, por tocar em tudo, por alimentar-se com todo tipo de lenha, correndo o risco de destruir o que a estimula, por sentir prazer tanto em desmantelar quanto em inventar formas inéditas, a sexualidade infantil se choca com nossos conformismos, nossa censura, nosso bem-comportado equilíbrio. Seu recalque* alimenta a angústia* e o desprazer, multiplica os sintomas*. A saúde psíquica deve-lhe tudo, a doença também.

SILÊNCIO (DO PSICANALISTA)

É a primeira vez que ela vai a um psicanalista. Desacorçoada pelo silêncio daquele que está à sua frente – um médico, mais tranquilizador, teria perguntado: "O que a traz aqui? –, ela adivinha que se trata de um convite a falar. Ela começa a contar sua história, em um misto de ansiedade, nervosismo e, logo, de choro. Sua mãe, completamente ocupada consigo mesma, seu pai ocupado com outras coisas, ninguém que entendesse a criança que ela foi... Ela não aguenta mais, está cansada de falar com as paredes...

– Então, ninguém nunca escutou você?

O silêncio do psicanalista não é uma postura, é a condição de ouvir a transferência*, e antes de tudo de permitir que ela se constitua. Por *ausentar* o psicanalista, ou pelo menos sua pessoa, o silêncio permite que se desenhem inconscientemente as figuras de uma vida. Não se trata nem de um vazio nem de um branco nem de um neutro, trata-se, antes, de um cadinho, uma espera a fim de permitir que o inconsciente do paciente saia de seu próprio silêncio.

Silêncio e interpretação* são solidários, como as duas faces de um mesmo trabalho de transformação (Viderman). Sobre um fundo de silêncio, as palavras da interpretação têm uma chance adicional de serem ouvidas. Mas, quando o psicanalista se cala por princípio, por postura, quando brinca de "eu sou aquele que sou", aquele que "sabe", então nada mais o distingue de Deus. Um dos objetivos da interpretação, nota Winnicott, é "marcar os limites da compreensão do analista".

Motor da transferência, o silêncio do psicanalista pode às vezes se tornar, ao contrário, um erro técnico, quando, longe de convidar à liberdade de palavra, ele só faz repetir *o silêncio de morte* de um pai ou de uma mãe.

SIMBOLIZAÇÃO, *ver* CASTRAÇÃO, PAI

SINTOMA

Após alguns meses de análise, Lúcia constatou o desaparecimento de sua constipação (histérica) – nunca evocada até então –, como se o enunciado da regra*: "Diga *tudo o que vem...*", houvesse tomado valor de interpretação*, à revelia dos dois protagonistas.

O desaparecimento de um sintoma, sua transformação, continua sendo uma das balizas mais seguras da mudança psíquica. Mas o inverso também... não é raro que os primeiros passos em análise "deixem doente", que o corpo* psíquico responda à sua maneira ao desvelamento do inconsciente. Para Cecília, isso tomou a forma de um eczema, desaparecido após a infância, um retorno localizado em um dedo – "o dedo da aliança". Para Léo, que angústias primitivas oprimiam, foi por dificuldades respiratórias que ele entrou no processo psicanalítico. Quando a angústia* consegue abrir um caminho somático, este permanece disponível, inclusive para um conflito psíquico* de uma nova natureza.

O sintoma trabalha como o sonho*, sua forma é um compromisso: de um lado, ele constrói uma saída para o fantasma, *exprime-o**, mesmo que seja sempre de maneira deslocada, deformada; do outro, combate sua plena manifestação, *evita*-a. Etimologicamente, sintoma é uma "coincidência de signos", ele faz com que se encontrem em um mesmo ponto sofrimento e satisfação.

A psicanálise nasceu de uma renúncia, a renúncia a uma interpretação frontal dos sintomas, à esperança de poder resolvê-los um a um – que só leva a reforçá-los ou a vê-los migrar para um abrigo mais seguro; entre os novos pacientes da psicanálise, existem os que as terapias cognitivas e comportamentais "curaram". Não há nenhum desprezo pelo sintoma e pelo sofrimento nessa atitude; ao contrário, existe a convicção de que o sintoma tem a força de um enigma, que é um sentido a ser decifrado – não simplesmente um erro a ser corrigido –, e que às vezes é necessária toda uma análise para vê-lo desaparecer.

Acontece também – uma prostração depressiva, o risco vital de uma anorexia*... – de a imediata gravidade do sintoma não deixar outra escolha além de uma intervenção técnica direta.

SONHO (TRABALHO DO)

"O sonho nos mostra o homem, na medida em que ele não dorme" (Freud). Ele não "dorme", ele *vê* ("O sonho é a *coisa vista*", Hugo); ele vive o que vê, nunca por força de sua vontade, muitas vezes contra ela ("Por que dizer: Eu sonhei, quando se deveria dizer: Foi sonhado", Valéry). A potência *alucinatória* do sonho ilustra mais imediatamente do que o fantasma* o que *realidade* psíquica* quer dizer. Quando o sonho é manifestamente erótico – o que não é tão frequente –, ele é capaz, unicamente por sua ação, unicamente por sua imagem, de provocar o orgasmo. Sara, por sua vez, constata ao despertar que seu sonho de parto, apesar de ela não estar grávida, provocou uma produção de leite, até a realidade de seu jorrar. O sobressalto mortal daquele que sai do sono a fim de escapar ao punhal do assassino não é menos impressionante. "Se o mais sábio dos homens quiser conhecer a loucura, que reflita sobre a marcha de suas ideias durante seus sonhos" (Voltaire).

Das imagens do sonho à sua narrativa, muito se perde. Nem por isso o sonho deixa de ser, *via* sua interpretação*, um caminho privilegiado de acesso ao inconsciente. O trabalho do sonho deforma e transforma um material extraído de uma dupla fonte: o infantil (desejos* e angústias* mesclados) e os restos do dia, muitas vezes um microtrauma – uma porta na qual se bate, que demora a abrir-se, e que o sonho transforma em uma errância noturna em uma floresta hostil – que a consciência negligenciou, mas que a memória reteve.

O caráter simultaneamente repetitivo, angustiante, traumático de certos sonhos transforma o trabalho em labor de Sísifo. O desejo já não é o que esses "sonhos de retomada" (Freud) realizam, mas o que eles *visam*, o que eles *tentam* (muitas vezes sem sucesso) introduzir. Como uma derradeira tentativa da sexualidade infantil*, de sua plasticidade, de apropriar-se e de transformar em prazer-desejo feridas nunca fechadas, nunca reconhecidas.

SUBLIMAÇÃO

A ideia de sublimação padeceu durante muito tempo de uma definição tão edificante quanto convencional, a de uma "dessexualização", de uma derivação das pulsões* sexuais para fins culturais, socialmente valorizados. Por uma magia qualquer, o que era sexual deixaria de sê-lo para tornar-se sublime; a incoerência do raciocínio não escapou à ironia de Lacan: "Então vamos dizer que o objetivo mudou, que era sexual e que agora já não é? Devemos então concluir que a libido sexual tornou-se dessexualizada. E é por isso que a sua filha é muda."

Com a hipótese de uma sublimação das "origens primordiais", Freud vê as coisas de um modo completamente diferente. A ideia é de uma libido que, graças às suas capacidades de metamorfose, se subtrai logo de início ao destino do recalque*; aqui a sublimação já não é entendida como a figura final de elevação, ou mesmo de depuração de um sexual bruto inicial, mas como uma derivação inaugural ligada à natureza da pulsão sexual, à plasticidade* de sua natureza, e não como um distanciamento desta. Não há menos sexualidade no ouro do que no chumbo, não há menos paixão na "caixinha" do *Avarento* que na coisa anal* da qual ela deriva. Simplesmente a vida sexual se *deslocou*, tornou-se *irreconhecível*.

A sublimação estabelece a ponte entre a arte e a sexualidade infantil*: ambas têm em comum o fato de perseguirem uma *finalidade sem fim*, um modo de romper com todas as formas de utilitarismo. A criança descobre que, com a forma de seus lábios e a matéria de sua saliva, pode formar bolhas. Isso não serve para nada, isso não leva à *plena* satisfação, e é por isso que a criança não se cansa de fazê-las. De novo, de novo... A arte acaso procede diferentemente quando, recorrendo a tubos de tinta, tela e pincel, consegue "apaixonar a natureza e os objetos"? (Artaud, a respeito de Van Gogh).

SUICÍDIO

O que diria o suicida para explicar o seu gesto se tivesse tempo de nos fazer um relatório? Provavelmente não muito mais do que aquele que fracassou em sua tentativa: "Eu não aguentava mais, eu queria que aquilo parasse, eu queria dormir, não sei, não sei mais..." Pobres palavras para angústias* sem nome, o *ato* assinala em si mesmo a falência das palavras. Pôr fim não à vida, mas à *vida psíquica*, de que não podemos fugir, que não podemos destruir. Suprime-se o corpo*, por não se poder reduzir ao silêncio a violência de Psiquê. Algumas vezes, quando fracassa, acontece de a tentativa *ter êxito*... uma *nova vida* começa, não eterna, mas já é alguma coisa...

O ato é inefável, o mesmo não acontece com a *ideia* do suicídio e do fantasma* que a sustenta. "Luciano [de Rubempré] queria se matar por desespero e por lógica. Uma vez sua resolução tomada, passou à deliberação dos meios. Viu então o tenebroso espetáculo de seu corpo boiando na água, deformado... Sentiu, como alguns suicidas, um amor-próprio póstumo" (Balzac). O pensamento do suicídio está a serviço da vida, é um "poderoso consolo que ajuda a passar mais de uma noite ruim" (Nietzsche).

A morte é, para Narciso*, o ferimento por excelência. Fiel à tradição estoica – "Só é livre aquele que se livra do medo da morte" (Epiteto) –, ele promete a si mesmo permanecer senhor da hora em vez de sofrer passivamente a queda. Daí a respeitar o programa... "Quantas pessoas quiseram se suicidar e se contentaram em rasgar a própria fotografia!" (Jules Renard).

Como entender que, inversamente, o melancólico* quase nunca falhe? O vazio no qual ele se precipita não lhe deixaria praticamente nenhuma chance? Mas trata-se mesmo de um *sui-cídio*, de um assassinato de si mesmo, ou do assassinato de um outro, desse objeto odioso de que o eu* não passa da sombra dolorosamente carregada?

SUPEREU (SUPEREGO, IDEAL DO EU)

Suas pinturas no maternal enchiam os pais de esperança, um dia Basquiat, no outro Pollock; mas, assim que entrou na escola primária, os sonhos tiveram que ser abandonados: Júlio não sabe mais desenhar sem usar a *régua*, quase chega a chorar quando *isso ultrapassa as linhas*. Pelo menos sob uma de suas faces, a da interiorização da autoridade parental no momento em que o complexo de Édipo* declina, a instauração do supereu é "observável". A Lei grassa, agora, do interior. Se a severidade ultrapassa muitas vezes o razoável, não é apenas por ter passado de fora para dentro, mas porque, com a assimilação da autoridade dos pais, a criança se identifica inconscientemente com o supereu deles, tornando-se assim "portadora da tradição, dos valores à prova do tempo que se perpetuaram de geração em geração" (Freud). Simão tem dificuldades em distinguir a psicanálise da religião da família, e a sessão da penitência: "É como se você me tivesse dito: para você existe o pai, a mãe e o padre, serão três sessões por semana!"

Restringindo-nos a essa teoria, contudo, é difícil compreender que o rigor do supereu possa não ser proporcional ao da educação recebida. Ora, não estamos longe do inverso: educação laxista, supereu cruel. É como se, por falta de encontrar um "Não!", a criança devesse criar um supereu ainda mais tirânico, fonte de uma culpa* a tal ponto torturante que acaba por tornar-se uma incentivadora do crime. A vítima, o delinquente e o juiz são uma única e mesma pessoa, temível trindade.

Sob sua forma mais louca, como a que a psicanálise dos pacientes *borderline* (ver estado limítrofe) permite ouvir, o supereu tem a voz do Destino, sua palavra faz as vezes de oráculo e de imperativo niilista ao mesmo tempo. Vidas inteiras se submetem a um: "Seja infeliz!" ou, pior ainda, "Não exista!".

O supereu pereniza a obediência aos primeiros objetos*; quando a ele vêm acrescentar-se os traços do ideal, não é raro ver se deslocar a submissão da cena interior para o espaço social, até a "servidão voluntária" àquele que foi instalado no lugar do ideal do eu.

TEMPORALIDADE (HISTÓRIA)

Como não pensar, com o filósofo, que cada um de nós dispõe de uma "consciência íntima do tempo", que o tempo informa *a priori* a sensibilidade, que nada é mais "familiar" ao homem que sua existência no tempo? Isso é pelo menos verdade para o paciente neurótico, aquele que construiu para si uma história calcada no desenrolar da tragédia edípica. Para ele, "passado, presente, futuro estão como enfiados no cordão do desejo que os atravessa" (Freud). O *presente* da transferência* abre por um lado para a *rememoração* do infantil e por outro para a *expectativa* de mudança. Mas isso não é verdade para todo o mundo, e é uma surpresa da experiência psicanalítica perceber que o tempo não é um dado imediato da subjetividade. A temporalidade resulta de uma psicogênese, essa pode estar simplesmente esboçada, e às vezes *não constituída*. Ariane não tem lembranças de infância – uma ausência que não é falta de memória, mas falta de *história*; ela não tem nenhuma prática em projetos – prever as férias a mergulha em um vazio de pensamento – e se esforça tanto quanto possível para neutralizar sua "presença", falando para não dizer *nada*. Ela sabe usar um relógio e uma agenda, o tempo social não está em causa, apenas a inscrição subjetiva no tempo, a que permite transformar a vida em *narrativa*.

A *segmentação* do tempo, passado/presente/futuro, tem como pressuposto a existência de uma *continuidade* de ser (Winnicott), tem como condição que a criança tenha aprendido que a ausência não é desaparecimento, que o objeto de amor *partido, voltará (fort/da)*.

A psicanálise mostra que, se não estivermos no tempo, podemos contudo inventá-lo tardiamente.

Nesse caso, a primeira *história* é a do amor-ódio da transferência*. Após anos de análise, Ariane retomava frequentemente as mesmas palavras: "No início, quando eu vinha aqui..."

TEORIA SEXUAL INFANTIL, *ver* CASTRAÇÃO, PAI, PRIMADO DO FALO

TERNURA

Como o espetáculo de uma leoa com os seus leõezinhos mostra claramente, a primeira ternura é mamífera. Não pode haver alimentação no corpo da "mãe" sem que a troca alimentar seja acompanhada de uma ternura de gestos e de peles. A fêmea provê a ambos sem falta; para a mulher mãe*, por força do inconsciente, isso depende e varia: do abraço que sufoca ao tabu do toque, que afasta o bebê do corpo, passando por aquela que acaricia e nina, confundindo ao extremo amor e cuidados. A pior das ternuras talvez seja a reacional, quando o ódio da mãe pelo filho encontra como única via de expressão mascarar-se em seu contrário.

Acaso existe alguma ternura humana que não seja matizada de erotismo? O gesto terno, a carícia, que encontramos na sexualidade preliminar, carregam os vestígios das sexualidades parciais (oral, anal e outras) e de um compromisso entre sua inibição e sua satisfação.

A menos que a ternura seja a primeira palavra do recalque*. Ofélia espera a sensualidade, e não recebe de seu companheiro *nada além* de ternura: "É um sentimental, faz amor sem fazer mal... E eu, o que eu quero, é um homem que me jogue contra a parede do banheiro!"

TRANSFERÊNCIA

"É uma coisa bem estranha que o paciente reencarne em seu analista um personagem do passado" (Freud). Às vezes mais do que estranho... "Vim *rever* você..." Assim que pronuncia essas primeiras palavras, Branca se interrompe, muito emocionada, com uma cara espantada. É seu primeiro encontro com um psicanalista, ela *vê* pela primeira vez o homem silencioso à sua frente, e suas primeiras palavras são um lapso, já um modo de *dizer o que ela não sabe*.

– Me rever?

Ela evoca imediatamente o pai, um "homem ao estilo dos aventureiros de Joseph Conrad", diz ela, não simplesmente morto, ao mesmo tempo desconhecido e desaparecido, que muito cedo saíra de casa para uma viagem sem retorno, e cujo falecimento do outro lado do mundo acabara de lhe ser anunciado por uma carta lacônica. Quando a transferência tem essa força, a de colocar em *ato* o inconsciente, de *agir* as paixões, de colocar o passado no *presente*, de *repetir o que jamais aconteceu*, exceto na fantasia* – o reencontro de uma filha e de um pai –, quando é assim, a palavra "reencarnar" não é exagerada.

A transferência é um enigma, esse enigma é ao mesmo tempo o motor e o vetor da psicanálise. Para ilustrar seu espanto diante do surgimento da transferência (repetição ou do amor*, ou do ódio*, ou do prazer, ou do desamparo*...), Freud tem a seguinte imagem: é como se um incêndio no teatro viesse bruscamente interromper a representação em curso. Mas, para que a comparação seja válida, devemos esclarecer que é a peça que se está representando no palco que provoca o incêndio! A transferência não chega de fora, a situação analítica cria suas condições, colhe o que semeia: pelo seu modo de *ausentar-se* – rompendo com as formas comuns da comunicação por seu silêncio*, seu recolhimento em sua poltrona, o apagamento de sua pessoa... –, de *recusar-se* – a intervir na realidade, a dar conselhos... –, o psicanalista oferece-se como uma superfície de projeções, como um convite para as transferências. Uma "superfície" que não está isenta de ser perturbada pelo que recebe, o que "contratransferência"* quer dizer.

TRAUMA (PSÍQUICO)

Um parto com fórceps, um abuso pelo avô, a morte precoce de um irmão, uma queda na escada provocada pela irmã... É frequentemente a título de uma causa simplista que o "trauma" da infância é solicitado para explicar as infelicidades de uma história e o sofrimento de hoje. É tranquilizador "encontrar um começo, um ponto de apoio no tempo que se possa em seguida chamar de *causa*" (Kertescz).

A concepção psicanalítica do trauma conserva uma parte da ideia comum: o trauma é um *ferimento por efração*; acontece alguma coisa que excede as capacidades psíquicas de elaboração, de integração pelo eu*. As fronteiras deste último são transpostas, pisoteadas, às vezes destruídas. Ele se defende como pode, indo do recalque* (neurose*) ao despedaçamento (psicose*), segundo a violência do impacto e sua capacidade de amortecer o choque. O trauma assinala uma perturbação da economia psíquica. No limite, o menor traço de angústia* assinala a ocorrência de um microtrauma, mesmo que não se saiba dizer qual, como um abalo telúrico que o sismógrafo registra sem que os moradores o sintam.

A complicação psicanalítica principal com relação à ideia comum consiste em sublinhar que o trauma psíquico acontece em dois tempos. Na infância ocorre um primeiro golpe que deixa um vestígio não verbalizado, não significado, não integrado na história. Até que alguma coisa aconteça, *après coup** (no depois, *a posteriori*), momento de colapso entre a revivescência de uma experiência passada que ataca *de dentro* e o que surge inesperadamente de fora. Mas o *après-coup* (no depois, *a posteriori*) não é apenas um novo golpe, já é sua transformação – *traumatikos* significa ao mesmo tempo o ferimento e seu curativo.

Se a psicanálise sabe razoavelmente bem transformar os traumas que se devem às seduções* da infância, é um desafio para ela confrontar-se com os "traumas precoces" (uma depressão* materna, uma criança morta*, um estupro, um desaparecimento não explicado...), esses mesmos que deixaram Narciso profundamente ferido.

VERGONHA

A inocência é o contrário da culpa*, o orgulho é o oposto da vergonha. A culpa ressalta a falta, o crime; a vergonha, a injúria feita ao eu. O envergonhado é um Narciso humilhado, um homem que se acreditava protegido e que, brutalmente, descobre que está nu. O culpado pode expiar, reparar, ser perdoado, mas será possível que um dia toda a vergonha seja "bebida"? A vergonha atinge o rosto*, o envergonhado *perde a face*, só lhe resta desaparecer, fazer-se esquecer. Trata-se provavelmente mais de uma clivagem* (do eu) que um recalque* que protege todos nós das velhas vergonhas.

Nas sociedades em que a ameaça da vergonha, mais que a culpa, desempenha um papel regulador – nas sociedades antilhesas, isso é dito assim: "Evite a afronta!" –, é sempre à custa de uma recrudescência do sentimento de perseguição. O "vozeirão" que designa o culpado surge dos bastidores da cena interior, o olho que *faz* vergonha reina na cena social.

VOYEURISMO, *ver* **CENA PRIMITIVA**